최승기 교수 퇴임 기념 문집
영혼들의 잔치: 영성지도 이야기 모음

영혼들의 잔치-영성지도 이야기 모음
최승기 교수 퇴임 기념 문집

초판 발행 2024년 7월 5일

지은이: 최승기 외
책임편집: 박신향
편집: 류명균, 김기혜
디자인: 조유영
그림: 하종순

펴낸곳: 키아츠
주소: 서울시 도봉구 마들로 624, 302호
전화: 02-766-2019
팩스: 0505-116-2019
홈페이지: www.kiats.org
이메일: kiatspress@naver.com

ISBN: 979-11-6037-229-8(03230)

본 출판물은 저작권의 보호를 받는 저작물입니다. 무단 전재와 복제를 금합니다.

최승기 교수 퇴임 기념 문집

영혼들의 잔치
영성지도 이야기 모음

책임편집 **박신향**

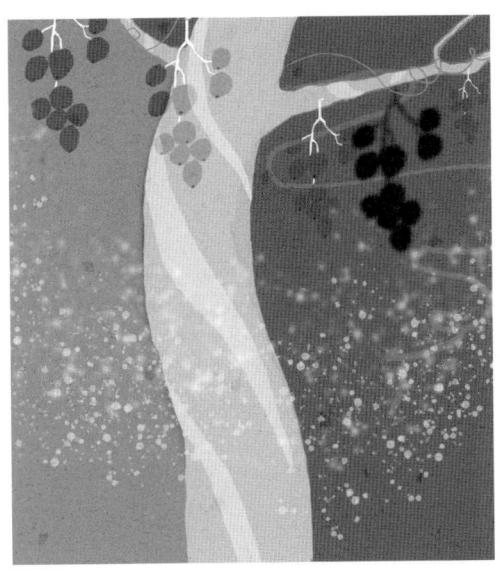

차례

발간사
조한상(호남신학대학교 영성학 교수) ■ 6

추천의 글
이철신(영락교회 원로목사) ■ 9
이상학(새문안교회 담임목사) ■ 12

편집자 서문
박신향(호남신학대학교, 영성·상담센터 에이레네) ■ 15

1부 최승기 교수의 영적 여정과 영성지도 이야기

나의 영적 여정: 영성센터와 영성지도를 두 발로 삼아 ■ 24
최승기(호남신학대학교)

2부 영성지도가 가져온 변화 이야기들

하나님의 초대 ■ 74
김벼리(임상심리전문가)

하나님의 꿈, 나의 꿈: 영성지도자 과정 설립과 영성훈련 ■ 88
박신향(호남신학대학교, 영성·상담센터 에이레네)

나의 영성지도 이야기 ■ 115
조한상(호남신학대학교)

하나님의 선물, 영성지도자 ■ 130
주희진(초원교회)

영성지도, 그 은혜에 대하여 ■ 140
하종순(영성지도자, 화가)

최승기 교수님께 드리는 글 ■ 148
김명희(소망의언덕수도원)

3부 목회 현장에서의 영성지도 연구와 적용

영성지도와 상담을 통한 목회자의 성장 및 변화에 관한 연구 ■ 156
김원필(울산삼산교회)

목하 이동 중 ■ 171
정여임(아가페드림교회)

부록
최승기 교수 이력 이야기 ■ 198
참고 문헌 ■ 203

발간사

조한상 (호남신학대학교 영성학 교수)

영성학 불모지인 한국 개신교에 영성학을 소개하시고, 목회자 후보생들을 영성교육과 훈련으로 양성하시며, 영성지도를 통하여 목회자와 평신도 등 많은 이들에게 선한 영향력을 끼치신 최승기 교수님의 정년퇴임을 맞이하여 '영성지도 이야기'라는 문집을 발간하게 하신 삼위일체 하나님께 영광을 올려 드립니다.

최승기 교수님께서는 19년 6개월간 호남신학대학교에서 후학을 가르치시고 양성하신 훌륭한 교육자이자 영성지도자이십니다. 그리고 최 교수님은 '컴패션'(compassion)이라는 단체를 설립하시고 많은 영성지도자를 배출하셨으며, 한국 개신교 최초로 영성지도자 배출을 위하여 호남신학대학교 내에 영성 대학원을 설립하는 일에 크게 이바지하셨습니다. 아울러 최 교수님은 총회 기도학교와 포이메네스 등 다양한 곳에서 한국교회 갱신을 위하여 목회자의 기도와 영성 회복이 필요함을 역설하셨습니다.

또한, 최승기 교수님은 학자, 저술가, 번역자, 그리고 교육자로서 강의와 탁월한 연구로 학문 발전에 이바지하셨습니다. 하지만 무엇보다 최 교수님은 영성지도자로서 많은 이들에게 큰 영향을 주셨습니다. 그 결과 많은 신학생과 목회자 그리고 평신도들이 영성지도자로서 다른 이들을 세우고 섬기는 일에 매진하고 있습니다. 그뿐만 아니라 최승기 교수님의 영향을 받은 목회자들은 각자 섬기는 교회와 사역 현장에서 영성 목회를 추구하며 한국교회의 잃어버린 본질을 회복하는 일에 매진하고 있음을 알 수 있습니다.

이 책은 영성지도에 관한 전문 학술서적이 아니라 각자 삶의 자리에서 영성지도 경험을 서술하고 나누는 형식의 글 모음집입니다. 최승기 교수님께 직간접 영향을 받은 제자와 지인이 이 일에 참여하였습니다. 이들이 경험한 영성지도 이야기가 한국교회 내에서 영성지도를 확산시키는 데 조그마한 반향을 불러일으켰으면 하는 바람이 이 책에 담겨 있습니다. 아울러 이 책은 영성학과 영성지도 분야에 이바지하시고, 은퇴하시는 최승기 교수님께 바치는 감사와 존경의 마음이 담겨 있습니다. 이 책을 발간하기 위해 글을 보내 주신 분들과 편집을 위하여 수고한 손길 그리고 이 책이 발간되도록 재정으로 후원해 주신 모든 분께 진심으로 감사의 마음을 전합니다.

추천의 글

이철신 (영락교회 원로목사)

최승기 교수께서 정년퇴임을 한다는 말씀을 들었다. 이제 학교에 매인 것이 풀리고 더 많은 시간 더 폭넓게 영성지도를 하고 영성수련을 인도할 수 있게 되었다는 생각이 들었다. 왜냐하면 내가 최승기 교수를 만난 일은 호남신학대학교 밖이기 때문이다.

나는 오랜 기간 목회를 하면서 교인들의 영적 성장을 위해 노력하고 그 방법을 연구했다. 그러나 나 자신의 영적 성장을 위해서는 큰 노력이 없었다는 것을 자각했다. 그래서 영성수련에 관한 책도 읽고 수련회에 참석하면서 나름대로 영성수련을 했다. 혼자서 렉시오 디비나를 연습하고 우리 교회 목회자들과 영성수련을 했다. 그런데 전문가들의 도움을 받을 생각이 절실했다. 또한 목회자들이 영성수련을 받도록 섬길 마음이 강하게 일어났다.

그래서 우리 교단의 영성신학자들에게 목회자 영성수련 프로그램을 의뢰했다. 그때 최승기 교수도 이 프로젝트에 참여해 함께 수고했다. 그는 먼 거리를 오가는 수고를 마다하지 않았다. 목회자의 영성수련에 대한 열정과 헌신이 있었기에 가능한 일이었다. 그렇게 해서 만들어진 프로그램이 포이메네스 영성수련이다. 2년 동안 프로그램과 교재를 만들고 실제 수련을 해서 5일 프로그램을 만들었다. 그리고 지금까지 교단을 초월해서 많은 목회자가 침묵 수련, 말씀묵상, 기도를 수련하여 영적으로 성장하는 경험을 하고 있다. 최근에도 최승기 교수는 수련 강사로 참여해 목회자들에게 강의도 하고 그룹 나눔도 직접 지도했다. 그는 많은 목회자가 좋아하고 존경하는 영성지도자이다.

최승기 교수는 강의실과 연구실에 갇혀 있는 학자가 아니다. 자신이 치열하게 영적 성찰을 하고 영적지도를 받고, 다른 사람을 지도하는 영성지도자이다. 그는 만만치 않은 영적 여정을 걸어온 신앙인이다. 이러한 과정을 통해 하나님과의 관계를 친밀하게 맺어 가는 신앙인이다. 이번에 정년퇴임을 기념해서 최승기 교수 자신의 영적 성장과 최승기 교수의 제자들이 영적지도한 것들을 묶어서 『영혼들의 잔치: 영성지도 이야기 모음』 문집을 발간했다. 하나님과 인격적인 관계를 맺어 가는 사람들의 신앙적인 체험과 영성지도를 받은 사람들의 뜨거운 이야기를 만날 수 있다. 학문적인 용어들이 튀어나오는데도 가슴이 뜨거워지는, 영적으로 성찰이 되면서 영적으로 성장이 되는 체험적인 이야기들이다. 이 책을 통해 영성학도 배우고 영적 성장도 경험할 수 있기를 바란다.

퇴임 후에도 최승기 교수와 하나님과의 관계가 계속해서 성장하리라고 확신한다. 또한 더 다양하게 많은 사람에게 영성지도를 가르치고, 직접 영성지도하리라고 믿어 의심치 않는다. 이 모든 사역을 잘 감당하도록, 하나님께서 최승기 교수와 사모님에게 건강의 은혜를 주시기를 기도한다.

추천의 글

이상학 (새문안교회 담임목사)

최승기 교수님의 정년 퇴임을 맞아 영성지도 경험 이야기를 출판한다는 소식을 듣고 목회자로서 무척 반가웠다. 한국교회에서 영성에 대한 학문적 논의나 강연이 늘어나기는 했지만 보다 구체적으로 현장에 있는 목회자에게 관심을 유발할 만한 영성지도에 대한 이해는 여전히 부족하다고 느끼고 있었기 때문이다. 내가 경험해 본 영성지도는 목회자가 성도들 한 사람 한 사람을 하나님 앞에 견고히 세워 그들의 영과 혼과 육이 온전히 꽃피워지기 위해서도 소중하지만, 현장에 매몰되어 자칫 잃어버리기 쉬운 나 자신을 돌보기 위해서도 필수라고 생각해왔기 때문이다. 영성지도는 나를 건강하고 분별력 있는 리더쉽을 가진 사역자일 뿐 아니라 그러한 사역에서 소외되지 않는 한 사람의 신앙인으로 세워주었다. 모든 그리스도인에게 그렇겠지만 치열한 현장 속에서 매 순간 영적 분별을 필요로하는 나와 같은 목회자들에게 더없이 소중한 돌봄이라 생각한다.

이 책은 영성지도가 무엇이고 그 안에서 어떤 일이 일어나는지 경험에서 우러난 이야기를 담고 있다. 보이지 않는 하나님을 접촉하고 경험하는 신비적 경험을 표현하면서도 기독교 영성에 대한 바른 이해를 보여준다. 한국 개신교회에 신뢰받는 영성의 개척자인 최승기 교수를 비롯하여 영성을 학문적으로도 접하고 연구한 필자들이 머리로 이해하고 배운 것을 실제 자신의 삶에 실천한 내용과 결과들을 속 깊게 나눈다. 가슴의 기억에서부터 터져 나온 이 이야기들은 영성지도를 찾는 이들에게 어디서도 쉽게 접하기 어려운 선물이다.

기독교 영성, 특히 영성 지도(spiritual direction)를 체험적으로 알고 싶은 분에게 이 책을 기쁘게 추천한다. 이 책은 영적으로 생동감 있게 사역하길 원하는 그리스도인들에게 영성지도자를 어떻게 찾을지 안내할 것이다. 살아있는 하나님을 가까이 만나고 그분의 이끄심을 따라 자신을 변화하고 자신의 삶을 이끌기 원하는 이들에게 참 희망의 길을 보여 줄 것이다. 그리고 영성지도를 어떻게 소그룹이나 일대일의 형태로 교회 안에서 적용해 볼 수 있는지에 대해서도 통찰을 제시한다. 이 책을 통하여 어두운 현실 속에서 고군분투하는 목회자와 성도들의 가슴 가슴에 신앙인의 진짜 불꽃을 지피길 기대한다!

편집자 서문

박신향 (호남신학대학교, 영성·상담센터 에이레네)

이 책은 두 가지 목적을 가지고 출발했다. 첫째는 근 20년의 긴 시간 신학교에서 후학들을 길러내며 영성학과 영성지도를 위한 강단을 헌신적으로 지켜온 최승기 교수님의 퇴임을 기념하고자 하는 목적으로 기획되었다. 제자들의 눈에 보인 교수님은 단지 학문적으로만 영성을 가르치는 데 만족하지 않고 말라가는 그리스도의 몸, 교회에 생명을 불러일으킬 수 있도록 돕는 영성지도자들을 양성하고 훈련하는 일을 헌신적으로 실천했다. 아직 낯선 것이면 무엇이든 색안경을 끼고 보는 한국교회의 척박한 현장 한가운데서 때로는 오해를 받고 반갑지 않은 도전에 맞서면서도 최승기 교수님은 설득력 있는 강의와 훈련을 지속하고자 고군분투했다. 교수님의 퇴임을 맞아 제자들은 이러한 교수님의 노고와 그로 말미암은 열매들을 기억하며 기념하고자 하는 마음을 담고자 했다. 해서 이 책의 저자들은 교수님의 학교 동료 교수 그리고 영성신학과 영성지도자 과정 또는 영성지도 대학원 제자들로 구성되었다.

둘째는 '한국교회와 성도님들에게 무엇이 좀 더 구체적으로 도움이 될까' 하는 고민과 의도를 가지고 기획되었다. 최근 20년 사이 영성지도가 무엇인지와 그 방법에 대해서 수많은 번역본이 쏟아져 나왔다. 지금은 처처에서 영성, 영성지도, 영성적 목회가 무엇인지 알고자 하고 그것을 어떻게 실천할 수 있을까 궁금해하는 이들을 쉽게 만나곤 한다. 영성에 대하여 올바른 관심과 기대가 확산되고 있다고 여겨진다. 이러한 시점에서 한국교회와 성도들에게 외국인의 언어와 경험보다 자국인인 우리 자신의 영성과 영성지도에 대한 체험, 곧 영성이나 영성지도를 어떻게 접하고 체험하고 있는지 나누는 것은 더 큰 의미와 도전이 되리라고 생각한다. 이러한 맥락에서 이 책은 영성지도를 체험한 개개인들의 가슴에만 담겨 있던 자기 고백적 이야기들을 조심스럽게 꺼내어놓은 것이다.

형식 면에서 이 책에 담긴 글들은 모두가 동일한 종류는 아니다. 그러나 그 방향과 주제는 한 가지이다. 곧 자신이 '영성지도'를 어떻게 경험하고 어떻게 '변화'되었는지 이야기하고, 어떻게 그러한 변화를 일으키는 영성지도를 실천할 것인지를 논의한다. 모든 저자는 이미 영성지도자이거나 영성지도를 받은 유경험자로서 대부분의 글들은 자신이 체험한 바를 회고하면서 서술하는 자기고백적 에세이이다. 일부 저자들은 자기고백을 담은 그림을 포함하였으며, 편지 형식이나 논문 형식을 취하기도 했다. 형식의 다양성에도 불구하고 이 글들은 하나같이 개개인의 경험과 가슴에서 흘러나온 소중한 이야기라는 점에서 하나로 연결되어 있다.

이 책은 크게 세 부분으로 나누어 정리되어 있다. 책의 첫 번째 부분인, "나의 영적 여정: 영성센터와 영성지도를 두 발로 삼아"는 최승기 교수의 영적 여정과 영성지도 이야기이다. 영성센터에서 일어난 영적 체험을 담은 단상들 그리고 영성지도자로서 형성을 위한 훈련 경험에서 온 깊은 성찰과 통찰을 담고 있다.

책의 두 번째 부분은 영성지도가 개인에게 가져온 변화 이야기들이다. 각 저자들이 자신의 영성지도 경험과 영적 여정의 에피소드들을 담았다. 김벼리의 "하나님의 초대"는 영성 리트릿 프로그램에 참여하며 자신이 체험한 변화와 성숙을 이야기한다. 개인 내면의 구체적인 움직임들이 잘 드러나 있다. 박신향의 "하나님의 꿈, 나의 꿈: 영성지도자과정 설립과 영성훈련"은 영성지도 사역과의 만남의 에피소드를 위시하여 특히 영성지도 대화의 구체적인 예를 자신의 영성지도 체험을 중심으로 이야기한다. 조한상의 "나의 영성지도 이야기"는 자신의 영적 여정에서 만나게 된 영성지도 경험을 천로역정과 같은 순례에서 만나는 영적 도움으로 이야기한다. 특히, 우리가 일상에서 접하는 멘토링부터 공식적인 영성지도, 동료 수퍼비전 등 넓은 의미에서 모든 영성지도 경험을 이야기한다. 주희진의 "하나님의 선물, 영성지도자"는 목회자로 부름받은 자신에게 영성지도가 얼마나 중요한 치유와 정체성의 형성을 가져왔는지, 또 나아가 그것이 어떻게 목회에 영향을 끼치고 있는지 진솔하게 이야기한다. 하종순의 "영성지도, 그 은혜에 대하여"는 화가인 자신에게 어떻게 깊은 변화와 소명을 가져왔는지 영성지도자 과정에서 만난 자신의 영적 변형의 과정을 깊은 글과 그림으로 표현한다. 김명희의 "최승기 교수님께 드리는 글"은 최승기 교수님으로부터 영성지도를 받으면서 경험한 다양한 감동과 도전이 되는 에피소드를 담고 있다.

마지막 세 번째 부분은 목회 현장에서의 영성지도 연구와 적용이 담긴 논의이다. 김원필의 "영성지도와 상담을 통한 목회자의 성장 및 변화에 관한 연구"는 목회 현장에서 누구보다 목회자 자신을 위하여 영성지도가 얼마나 필요한지, 또 어떻게 도움이 되는지, 자신의 경험을 기초로 논의한다. 정여임의 "목하 이동 중"은 저자 자신이 영성지도를 통해 받은 영향과 그로 인해 어떻게 자신의 목회 현장에 도움을 받고 있는지, 자신의 노하우와 자료들을 아낌없이 나눈다.

캐나다 궬프(Guelph)에는 세계에서 영성지도자들이나 사역자들이 종종 찾는 리트릿 센터가 하나 있다. 이 리트릿 센터(Jesuit Retreat Center)의 입구에 놓여 있는 벤치에는 쉽게 눈에 띄지는 않지만 의미심장한 한 문구가 새겨져 있다. "당신의 삶에서 가장 긴 여정은 당신의 머리에서 가슴까지이다(The longest journey you will make in your life is from your head to your heart)". 이것은 특히 우리 머리에 있는 하나님에 대한 지식이 하나님을 사랑하고 흥분되도록 경험될 수 있도록 가슴에서 변화되는 것이 얼마나 오래 걸리는지 말해준다. 아무리 오래 걸리고 어려운 일일지라도 우리는 하나님을 가슴으로 알고자 하는 노력을 멈출 수 없다. 그렇지 않으면 우리가 신앙이라고 믿는 것들은 죽은 문자와 율법에 지나지 않기 때문이다. 죽은 것들은 결코 영혼에 생명을 줄 수도 없고 사회에 생기를 불어넣을 수도 없다. 이 책을 읽는 독자들이 가슴에서부터 나온 이 글과 그림들을 통해, 머리의 지식들이 가슴에서 살아 꿈틀거리는 실제의 지식이 되도록 돕는 '영성지도'의 신비로운 길을 조금이나마 맛볼 수 있으리라 믿으며 독자들의 풍성한 영적 여정을 소망한다.

1부

최승기 교수의 영적 여정과
영성지도 이야기

나의 영적 여정:
영성센터와 영성지도를 두 발로 삼아

최승기 (호남신학대학교)

I. 들어가는 말

본고의 주제는 영성센터(retreat center)와 영성지도(spiritual direction)가 나의 영적 여정에 어떤 영향을 미쳤는지, 혹은 어떤 도움을 주었는지를 살펴보는 것이다. 본고의 출발점은 원래 "나의 영적 여정과 영성센터"란 제목으로 2023년 8월, 제2회 예벗 영성센터 세미나에서 발표한 글이다. 그 글은 좋은 자연환경 가운데 있는 영성센터에서 침묵과 함께 제공하는 영성수련이 신앙과 생활의 분리로 인한 내면의 불안과 결핍, 그리고 초고도화 된 물질문명사회에서 역으로 영적 목마름을 호소하는 작금의 한국 개신교인들의 영적 성숙에 좋은 영향을 끼칠 수 있음을 나의 영성센터 경험을 통해 보여 주고자 한 글이었다. 그런데 보완을 위해 그 글을 재차 읽던 중 나의 영적 여정에서 다른 한쪽 발이 되어 준 영성지도까지 포함하여 영성센터와 영성지도가 나의 영적 여정에 어떤 영향을 미쳤는지를 살펴보는 것이 더욱 좋겠다는 생각이 들었다. 그 이유는 그렇게 하는 것이 나의 영적 여정을 더욱 폭넓고 복합적으로 보여 줄 수 있기 때문이다. 영성센터와 영성지도 사역은 나의 영적 여정이 곁길로 새거나 길을 잃어 낙오하지 않고 지금까지 건강하게 걸을 수 있게 한 나의 두 발이다. 이들이 나의 영적 여정에 긍정적 영향을 끼친 것이 사실이라면, 틀림없이 한국 개신교인들도 영성센터와 영성지도 사역에서 각자 자신의 영적 성숙을 위한 긍정적 영향을 발견할 수 있을 것이다. 따라서 본 글은 전자의 글을 보완·확장하여 재구성한 것이다. 이러한 재구성은 한국 개신교인들을 아직은 조금 낯설어 할 수도 있는 영성센터와 영성지도 사역으로 초대하여 그들이 양자로부터 더욱 깊고 풍성한 영향을 받는 체험을 하기를 바라는 마음의 소박한 표현이다.

여기서 먼저 이 글을 쉽게 이해하기 위해서 영적 여정과 영성센터라는 용어가 의미하는 바를 간략하게 언급할 필요가 있다. 성경은 그리스도인들의 생애에 대한 몇 가지 중요한 이미지를 제공한다. 예를 들면, 그리스도인의 생애는 유혹과 시련에 대한 투쟁이라는 것이다. 종교개혁자 마틴 루터(Martin Luther)는 두 왕국론을 펼치면서 그리스도인의 삶의 특징을 Anfechtung(유혹, 시련)으로 제시한다. 하늘의 시민권을 지닌 그리스도인들은 이 땅에서 유혹과 투쟁하며 살아가는 존재라는 것이다. 성경은 Anfechtung 이외에도 그리스도인의 생애를 의미하는 다른 이미지도 제공한다. 그 중 가장 널리 사용되는 것은 영적 여정이다. 바울 사도는 여정의 이미지를 약간 변형하여 영적 경주(히 12:1-2)의 이미지로 그리스도인의 전 생애를 이해한다.

그리스도인의 생애가 영적 여정이거나 영적 경주라면 그리스도인은 목적지가 없이 떠도는 나그네와 같은 존재가 아니라 참 본향인 하늘의 도성 새 예루살렘을 목적지로 삼고 예수 그리스도와 함께 길을 걷는 순례자들이다. 순례자는 이동성을 높이기 위해서 욕망을 내려놓고 자신의 짐을 가볍게 하여야 하며, 정주하지 않아야 한다. 또한 순례자는 목적지에 도달하기까지 그 여정의 도상에서 악한 영들로부터 많은 유혹을 받는다. 악한 영의 유혹은 순례자의 헛된 영광이나 교만의 추구를 통한 순례자의 자기 연민과 낙오를 목표로 삼는다. 순례자는 영적 여정을 완주하기 위해 때때로 환대의 쉼과 회복이 필요하다. 영성센터는 순례자의 길에 들어서도록 우리를 이끄는 예수 그리스도의 초대와 동시에 영적 여정의 도상에서 영혼과 육이 탈진한 순례자들의 회복과 쉼, 그리고 그들을 바른 길로 인도하는 영적 안내를 제공한다. 따라서 영성센터는 영적 여정을 걷는 순례자들에게 필수적인 하나님의 현존 안에서의 쉼과 깊은 침묵을 통한 영적 회복, 건강한 음식과 산책을 통한 육체적 회복, 그리고 좋은 자연환경 안에서 경탄과 아름다움의 경험을 통한 정신적 건강의 회복을 제공하는 곳이다. 그러므로 영성센터는 안내자의 동반이 주어진 상태이거나 아니면 안내자가 없는 상태에서 침묵하며 여러 가지 영성수련을 수행할 수 있는 소프트웨어와 하드웨어를 총괄하여 칭하는 말이다. 영성센터는 쉼과 회복과 변화가 이루어지는 생명의 공간이다. 영혼과 육이 탈진한 엘리야가 호렙산에 이르러 세미한 음성을 듣기까지의 영적 여정은 로뎀나무 아래서 쉼을 가지며 까마귀가 가져다준 빵과 물을 먹는 육체적 회복으로부터 시작한다. 그러기에 영성센터는 좋은 자연환경, 건강한 먹거리, 그리고 세미한 음성을 들을 수 있는 깊은 침묵의 기도, 좋은 영적 안내가 함께 어우러지는 곳이어야 한다.

II. 영적 여정과 영성센터

영성센터에서 영성훈련을 한 경험이 나의 영적 여정에 어떤 영향을 주었는가? 이 질문에 대한 답을 당시 40일 영성훈련을 하며 공식적인 기도일지와는 별도로 매일 개인적으로 기록한 영적 단상(斷想)에서 찾아보고자 한다. 40개의 영적 단상은 자연스럽게 몇 가지 핵심적 주제로 구분되며, 그 주제는 영성센터에서의 영성수련의 경험이 나의 영적 여정에 미친 주요한 영향들을 밝히 드러낸다. 아래에 언급된 단상들은 4주간의 영성수련을 시작한 2003년 10월 10일부터 끝마치는 날인 2003년 11월 4일까지 기록한 것이다. 본고에서는 단상들을 기록한 일자의 순서에 따라 배열하지 않고 앞서 언급한 것처럼 그 안에 품고 있는 몇 가지 주요한 주제별로 구분하여 소개할 것이다.

1. 자연의 관조를 통한 창조주 하나님의 현존 체험

2003년 10월 10일
"아침 안개 속을 걸으며"
나지막이 피어오르는 아침 안개에 싸여 걷는다. 천천히 스며드는 햇살의 줄기를 따라 주변의 나무들이 하나둘씩 보다 선명한 자태를 드러낸다. 마치 수면 위에 하나님의 영이 운행하여 하나씩 하나씩 생명을 창조해 내는 모습 같다. 끝없이 넓은 들판 위에서 보는 하늘은 참으로 넓고 둥글다. 엷은 하늬구름이 깔려 있다. 하얀 구름과 창공을 배경으로 세 마리의 이름 모를 새가 날고 있다. 한쪽 하늘을 바라보다가 몸을 돌려 다른 쪽 하늘을 바라본다. 그리고 또 몸을 돌려 또 다른 쪽 하늘을 바라본다. 그러다 아예 몸을 빙글빙글 돌리면서 하늘을 바라본다. 하늘이 둥글다. 그 둥근 하늘 안에 내가 들어 있다. 하늘과 내가 하나다. 온 하늘이 하나님 안에 있다. 내가 하나님 안에 있다.

2003년 11월 1일
"우주의 춤: Cosmic Dance"

오로라를 괼프(Guelph)에서 보다니! 정말 놀랍다. 흔히 오로라를 우주의 춤이라고 부른다. 그러나 정작 우주의 춤은 북극 하늘에서 펼쳐지는 오로라가 아니다. 오로라가 넓게는 북미 대륙의 하늘을 덮기도 한다지만, 오로라는 대체로 북극지방에 한정된 현상이다. 온 우주가 함께 기뻐하며 춤을 춘 사건, 산과 바다와 하늘과 온 생물이 함께 기뻐하며 즐거워했던 순간은 바로 약 2천 년 전 예루살렘 외곽의 한 동굴 무덤에서 예수가 부활했던 때이다. 온갖 모욕과 수치와 조롱 속에서도 끝끝내 humanity를 부여안고, 참 인간으로서 십자가상에서 죽음으로 그의 부활은 참 인간의 부활이 된 것이다. 그의 부활 속에 참된 인간의 모습이 어떠한 것인지가 드러나게 되었다. 죽음으로 모든 것이 끝나버릴 수밖에 없었던 인간에게, 이제 죽음은 그리스도의 부활로 말미암아 인간됨의 참 형상으로 나아가는 통과의례가 된 것이다. 그리스도 안에서 새 생명의 길이 열리게 된 것이다. 온 우주는 인간과 더불어 새롭게 될 소망을 갖게 된 것이다. 이 어찌 우주의 대 축제가 아니겠는가? Cosmic Dance Feast는 바로 예수의 부활과 더불어 열린 것이다.

첫 번째 그룹으로 분류된 단상들은 자연의 관조를 통해서 오늘도 계속적으로 창조(on-going creation)의 역사를 이루고 계신 하나님의 현존을 발견하는 주제를 담고 있다. 하나님은 오늘도 창조하신 피조 세계를 돌보며 가꾸고 계신다. 많은 신앙의 선배는 성경 다음으로 하나님을 만날 수 있는 좋은 곳이 자연이라고 한목소리로 말한다. 종교개혁자 칼뱅은 우주를 "하나님의 영광의 극장(The theater of glory of God)"이라고 경탄했다. 우주는 하나님의 임재로 충만하며, 하나님은 만물 가운데 거하신다. 하나님은 만물 안에서 만물을 지키고 보호하시기 위해 일하신다. 만물 가운데 일하시는 하나님은 오늘 우리를 파트너로 초대하신다. 그래서 로욜라의 이냐시오(Ignatius of Loyola)는 만레사에서의 신비한 체험을 통해 만물 가운데 거하여 일하시는 하나님의 부르심을 듣고 "모든 것 가운데서 하나님을 발견하기(finding God in all things)"라는 특징적 빛깔을 띤 사도적(apostolic) 영성을 추구한다. 그의 사도적 영성은 "행동의 한복판에서 관조하기(contemplation in action)", 혹은 "봉사의 신비주의(mysticism of service)"로 불리기도 한다.

이처럼 자연의 관조를 통해 창조주 하나님의 현존을 발견하고, 그로 인한 영적 쉼과 회복과 변화가 이루어지는 영성센터가 되기 위해서는 반드시 좋은 자연환경 가운데 있어야 한다. 이는 위 단상들, "아침 안개 속을 걸으며"와 "우주의 춤"에서 여실히 드러난다. 지평선이 보이는 들판에서 보는 넓은 하늘은 마치 모든 것을 그 안에 감싸 안은 것처럼 보인다. 내가 20년 전 40일 영성수련을 한 곳은 캐나다 괼프에 자리한 로욜라 하우스다. 주변 자연환경이 참으로 아름다운 곳이다. 작은 호수, 숲, 습지, 농지, 드넓은 풀밭 등으로 둘러싸여 있다. 하나님의 창조의 아름다움이 저절로 느껴지는 그런 자연환경을 지니고 있다. 또한 예수 그리스도의 부활을 묵상하는 그 날에 특별한 은총처럼 처음으로 직접 오로라를 보았다. 그야말로 우주의 춤이란 명칭 그대로 황홀한 아름다움이었다. 이 우주의 춤은 예수 그리스도의 부활이 더욱 찬란하고, 아름답고, 생명력으로 충일한 진정한 우주의 춤이라는 사실을 발견하도록 이끌어주었다. 그렇다. 좋은 자연환경 속에서 창조주 하나님을 발견하고, 창조주 하나님의 아름다움을 맛보는 것은 영적 발걸음의 좋은 추동력이 된다. 삭막한 콘크리트 도시 문명에 찌든 영혼을 정화하고 활기 있게 한다. 자연 속에서 산책하며 창조주 하나님의 돌보심을 느끼는 것이 현대인들에게 더욱 요청된다. 자연 속에서 하나님과 단둘이 산책하며 마음의 대화를 나누고 영적 회복과 힘을 얻는 것은 나에게 있어 하나님과 교제하는 가장 중요한 방식 중 하나가 되었다.

2. 예수 그리스도 생애 관조를 통한 절친 관계 형성

2003년 10월 18일

"Love and Vulnerability"

성자 하나님께서 자기를 비워 인간으로 이 세상에 오셨다. 삼위일체 하나님으로 있을 시의 영광과 존엄과 능력이 이제

막 태어난 핏덩어리 아기 예수의 연약함과 극명하게 대조된다. 자기 힘으로 아무 것도 할 수 없는 아기 예수, 요셉과 마리아의 보살핌을 받아야만 살 수 있게 된 아기로 오신 성자 하나님. 세계를 향한 사랑 때문에 자기를 비우셔서 스스로 그렇게 연약하게 된 것이다. 사랑은 vulnerable 하게 되는 것이다. 사랑하는 사람이 vulnerable 하게 되는 것이다. 우리의 도움을 필요로 하는 아기 예수, 온전한 인간 예수는 참으로 친근감이 든다.

2003년 10월 23일
"예수의 시험"

광야에서의 시험은 예수님 내면의 치열한 싸움의 형태로 진행되었다. 사탄이 결국 차지하고 싶은 것은 우리의 마음이다. 그러니 마음이 치열한 싸움의 현장이 될 수밖에 없다. 예수님 내면의 싸움의 핵심은 무엇인가? 연약한 humanity를 온전히 받아들이면서 동시에 하나님의 아들일 수 있냐는 것이다. 요하네스 뱁티스트 메츠(Johannes Baptist Metz)의 통찰은 이 점에서 탁월하다. 그는 시험의 핵심이 the poverty of humanity를 선택할 것인가, 아니면 divinity를 드러내 보일 것인가에 있다고 본다. 예수는 인간성의 연약함을 온전히 받아들이는 쪽을 선택했다. 이로서 연약한 인간성에 희망의 빛이 비추어지고, 인간성의 구원이 열리게 된 것이다. 그러나 메츠는 이 시험에서 반복되어 나타나는 질문의 중요성을 간과한 것 같다. 그 질문은 "네가 하나님의 아들이어든"이다. 결국 이 시험의 핵심은 하나님의 아들이라는 징표와 관련되어 있다. 이 점은 잭 세이(Jack Shea)의 통찰이기도 하다. 하나님의 아들이라면 당연히 이런 정도의 징표는 있어야 하는 것이 아닌가? 나는 이 두 통찰을 결합할 때 예수의 시험에 대한 더 깊은 이해가 가능하다고 본다. 즉 연약한 인간의 모습 그대로 하나님의 아들일 수 있다는 것이다. 다시 말하면, 연약한 인간의 모습 그대로 하나님의 아들이 되는 길이 예수 안에서 열리게 된 것이다. 이것이 바로 예수가 선택한 길이며, 사탄이 무슨 수를 써서라도 막으려고 했던 길이다. 그리고 예수는 인간이란 원래 어떤 존재인가를 보여 주었으며, 하나님 안에 감추어진 인간의 완성된 모습을 오늘날 우리에게 보여 주신 것이다. 예수 안에서 참된 인간이 되는 길이 열리게 된 것이다.

2003년 10월 30일
"가장 친한 친구의 죽음"
기도할 성경 본문을 읽었다. 예수의 십자가상의 죽음에 관한 본문이다. 예수의 죽음을 빨리 경험하고 싶지 않다. 그와 좀 더 시간을 보내고 싶다. 미적거리다가 이제는 어쩔 수 없이 그의 십자가상의 죽음을 직면해야 한다는 생각에 채플실로 들어갔다. 그런데 의자에 앉아 기도를 시작하려는데 나도 모르게 통곡이 솟구쳐 오른다. 침묵기도실이라 소리를 안으로 삼키며 한동안 하염없이 울었다. 울면서 또 다른 한편으로는 '내가 왜 이러나'라는 생각이 들기도 했다. 한참 울다가 성경 본문에 따라 기도를 시작했다. 예수의 죽음을 확인하고는 예수의 이름을 한동안 마음속으로 소리 높여 울부짖었다. 그와 함께 지냈던 시간이 떠오른다. 그의 탄생, 함께 애굽으로 피신, 어린 시절 함께 고기 잡던 일, 예수의 손을 잡고 물속에 들어가 함께 세례를 받던 일, 세례 받고 함께 손잡고 물위로 나왔을 때 예수 안에서 성령의 임재 가운데 거하고 하나님의 사랑의 음성을 함께 듣던 일, 물 위를 걸었던 일, 그 수치와 모욕 속에서도 끝끝내 humanity를 붙잡고 철저히 연약한 인간의 모습으로 십자가 죽음을 감당한 나의 Best Friend Jesus Christ. 슬픔과 텅 빈 공허함이 찾아온다. 하지만 여기서 주저앉으면 안 되지, 힘을 내야 한다. 나의 가장 친한 친구의 장례를 치러야 할 힘은 있어야 할 것 아닌가?

2003년 11월 4일

"깊은 우정"

내일 정오쯤에 4주간의 영성수련(Spiritual Exercises)이 끝난다. 그리고 하루 반나절의 휴가를 보내고 다시 5일간의 Appropriation Days를 갖게 된다. 어쨌든 내일이면 실제적인 영성수련은 끝난다. 집에 가서 아내를 볼 수 있겠구나. 영성수련 기간 동안 하나님께서 많은 은혜를 주셨다. 특히 예수 그리스도와 깊은 우정을 나누게 된 것이 참으로 좋았다. 드라마틱한 경험은 아니었지만, 이제 묵묵히 묵직하게 주님을 따를 수 있는 토대가 다져진 것 같다. 이제는 아마, 드라마틱한 경험이 필요치 않을지도 모른다. 깊이 다져져서 돌이키지 않고 한 걸음 한 걸음씩 앞으로 내걷는 것이 중요하다. 그리고 예수 그리스도의 음성을 들을 수 있게 된 것이 무엇보다도 소중하다. 무엇이 마음 가장 깊숙한 곳에서 나오는 소리인지, 무엇이 겉에서 흘러나오는 소리인지 구별할 수 있게 된 것 같다.

그리고 주님의 십자가와 부활의 신비에 깊이 참여하여 경험한 것은 앞으로 계속될 영적 여정의 가장 소중한 자산 중 하나가 될 것이다. 주님의 Laboring and Glory는 앞으로 나의 영적 여정의 나침판이 될 것이다. 영성수련을 하면서 또 하나 감사한 것은 그동안 내 일상이 얼마나 복된 삶이었는가를 새삼 느끼게 된 것이다. 얼른 내일 정오가 되어 집에 가서 아내와 함께 지내며 하루 반나절을 쉬었다가 오고 싶다.

위의 네 단상은 두 번째 그룹에 속한 것이다. 이 단상들은 복음서에 나타난 예수 그리스도의 생애를 관조함으로써 예수 그리스도를 더욱 친밀하게 알고 더욱 깊게 사랑하고 더욱 가까이서 따르기를 원하는 깊은 우정을 나누는 벗의 관계가 형성되어 가고 있음을 보여준다. 예수 그리스도와 정감적 관계를 맺고 참 우정을 나누는 벗의 관계를 형성한 것이 영성수련을 통해 얻은 가장 핵심적인 은총이며 영향력이다. "Love and Vulnerability"와 "예수의 시험"은 연약한 인간이신 예수 그리스도의 매력에 깊이 매료된 나의 마음을 드러내고 있다. "가장 친한 친구의 죽음"과 마지막 날 단상인 "깊은 우정"은 영성수련에서 얻은 은혜 중 가장 좋았던 것으로 예수 그리스도와의 나눈 깊은 우정을 들고 있다. 이전까지 나의 영적 여정에서 예수 그리스도는 구원자와 스승의 이미지를 강하게 지녔었다. 그러나 이 영성수련을 통해 예수 그리스도는 상호적 사랑의 관계에 기초한 벗의 이미지를 주도적으로 지닌 분으로 여겨졌다. 예수 그리스도와 우정을 나눈 벗의 관계 형성은 이후 나의 영적 여정에서 가장 중요한 축이 되었다. 그리고 나의 영적 여정만이 아니라 영적 여정을 가는 그리스도인들에게 일반적으로 요청되는 중요한 요소는 예수 그리스도와 정감적 관계를 형성하는 것이다. 정감적 관계란 예수 그리스도와 정서적으로 서로 연결되어 있다는 의미이다. 가령 어떤 사람과 내가 정감적 관계를 지니고 있다면, 나는 그 사람이 기뻐할 때 함께 기뻐하고 그 사람이 슬플 때 함께 슬퍼한다. 예수 그리스도를 객관적 구원자로만 안다면 예수 그리스도와의 친밀한 관계 속에서 그리스도를 닮아가는 영적 여정의 길을 걷기는 어려울 것이다.

3. 예수 그리스도의 부르심: 고난과 영광

2003년 10월 11일

"좁은 문으로 들어가면서"

"Principle and Foundation" 기도를 마치고 밖으로 나왔다. 어디를 걷지? 예수회 회원들의 묘지로 발걸음이 옮겨진다. 이 묘지는 내가 로욜라 하우스를 방문할 때마다 즐겨 찾는 장소 중 하나다. 들어가자마자 Lonergan의 묘지가 눈에 들어온다. Lonergan은 20세기 위대한 신학자 중 한 사람이다. 죠지 슈너의 묘지로 발걸음을 옮겼다. 그는 예일 출신의 촉망받는 젊은 신학자였다. 내가 논문 주제로 고민할 때, 한 번 찾아가서 문의를 드린 적이 있었다. 그는 나의 설명을 듣자마자 이렇게 논지를 전개하면 좋겠어요 하면서 곧바로 핵심 요지를 논리정연하게 언급했다. 나는 그의 천재성에 감탄하면서 방을 나왔다. 비석에 새겨진 그의 이름을 손가락으로 만지면서 다시 그의 이름을 써 보았다.

이 곳에 묻힌 예수회 회원들. 이름이 익은 사람도 있지만, 알지 못한 사람이 대부분이다. 유명 인사였든, 무명 인사였든 모두 똑같이 묻혀 있다. 주님을 위해 이들이 바친 생의 헌신을 생각하니 가슴이 뭉클하다. 눈을 돌려보니 갑자기 보이지 않았던 것이 눈에 들어온다. 늘 그 자리에 있었을 텐데 한 번도 나의 주목을 끌지 못했던 것이다. 나는 그것이 거기에 있는지도 몰랐다. 그것은 담쟁이덩굴로 이루어진 아치 모양의 문이었다. 그 문은 참으로 좁았다. 몸을 정면으로 하고 들어가기에는 너무 좁다. 몸을 옆으로 틀어 비스듬하게 들어가야 할 정도로 좁다. 좁은 문이라는 사실에 눈물이 울컥거린다. 이곳에 묻힌 이들은 좁은 문으로 들어온 사람들이다. 나는 몸을 틀어 그 문을 통과하고 바깥쪽에 섰다. 그리고 기도했다. '주님, 은총을 베풀어주소서. 주님의 은총이 아니고는 이 좁은 문으로 들어갈 수 없습니다. 은총을 베풀어 주소서.' 다시 눈물이 울컥 솟구친다. 손을 모으고 몸을 옆으로 틀면서 그 좁은 문으로 들어갔다. 자신의 삶을 주님께 드린 자들이 있는 곳으로.

2003년 10월 15일
"그리스도의 부르심"

나는 그리스도의 부르심을 받을만한 자격이 없다. 그래도 불러주시니 참으로 은총이다. 부르신 주님을 바라보면서, 주님의 부르심에 늘 예라는 대답을 드리고 싶다. 목회자가 된 것을 생각해보니 참으로 감사할 뿐이다. 가끔 의대를 가서 의사가 되었으면 어떠했을까 하는 생각도 해 보지만, 그때마다 목회자가 된 것이 훨씬 더 좋게 느껴진다. 그래서 목회자가 내게는 천직인가 보다.

논문을 마치고 나니 이제 한국에 돌아가는 것이 현실감 있게 다가온다. 한국에 가서 무엇을 할 것인지 이러저러한 생각을 해 본다. 그러다가 내가 너무 존경받고 대접받는 위치만을 바라는 것이 아닌가 하는 생각이 들었다. 그리스도께서 말씀하시는 것 같다. "가난한 사람들을 잊지 말라. 그들을 돌보라." 그렇다. 교수직에 있으면서도 어떤 방식으로든 가난한 사람들을 돌보는 일을 해야겠다. 가난한 사람들을 생각하면 깊은 연민의 눈물이 맺힐 때가 있다. 그들을 잊지 않으리라.

나는 부유한 사람들과는 지내는 것이 편하지 않았다. 이제는 바울 사도처럼 부유와 빈곤 어디에도 처할 줄 알고 모든 것에 자족하는 일체의 비결을 지녀야 할 때다. 부유한 그리스도인들과 편하게 지낼 수 있으면서도, 가난한 사람들을 잊지 않고 돌보는 그런 목회자가 되어야겠다.

2003년 10월 16일
"마리아의 순종"

전 세계를 구원할 삼위일체 하나님의 계획은 나사렛이란 작은 시골의 순결한 처녀 마리아의 순종을 통하여 이 땅에 펼쳐진다. 하나님의 놀라운 계획을 들은 마리아는 먼저 그 계획을 감당하기에 부족한 자신의 모습을 솔직히 고백한다. "저는 사내를 알지 못하는데 어찌 그런 일이 있을 수 있겠습니까?" 그러나 마리아는 자신의 부족함에만 머물러 있지 않는다. "하나님께는 능치 못 할 일이 없느니라"는 말씀 앞에 겸손히 순종하여 그 말씀이 자신 안에서 이루어지기를 소망한다. 눈을 들어 자신 안에서 이루시는 하나님을 바라본 것이다. 마리아가 마지막으로 응답하는 순간에 나는 전율하고 있다. 그 대답에 따라 인류와 온 지구의 구원이 달려있다. 물론 마리아가

거부하더라도 하나님의 계획은 다른 방식으로 이루어졌을 것이다. 그러나 어떻게 알겠는가? 하나님의 계획이 얼마나 더 늦춰졌을지 누가 알겠는가?

참으로 엄청나다. 삼위일체 하나님의 전 지구적 구원의 역사가 시골의 작은 처녀에게서부터 시작된 것이다. 우리의 작은 순종 안에 하나님의 놀라운 역사가 담겨 있다.

영성훈련은 예수 그리스도의 부르심을 발견하여 응답하도록 우리를 돕는다. 세 번째 그룹의 단상들은 "나와 함께 일하고(laboring, suffering) 나와 함께 영광(glory)에 참여하자"는 예수 그리스도의 부르심에 과감하고 열린 마음으로 기꺼이 응답하는 내용을 담고 있다. 예수 그리스도의 부르심은 나를 "위하여"가 아니라 나와 "함께" 일하자는 부르심이다. 이는 예수 그리스도께서 왕이나 리더로서만이 아니라 더욱 중요하게는 벗으로서 우리를 자신의 미션 파트너로 초대하신다는 것을 의미한다. 예수님의 미션은 모든 만물을 하나님 아버지께로 되돌아가게 하는 것이다. 예수님은 자신의 미션에 함께 할 벗들을 부르실 때 "고난-영광"이라는 미션 성취의 길과 기준을 제시한다. "나와 함께 일하고 나와 함께 영광에 참여하자."

이러한 예수 그리스도의 부르심은 일상의 영역에서도 발

견된다. 영성훈련은 그러한 부르심에 관대하게 응답할 뿐만 아니라 일상의 영역에서 그런 부르심을 분별할 수 있는 도구를 지니도록 도와준다. 다시 말하면, 일상의 영역에서 하나님의 의사소통을 발견할 수 있는 도구, 즉 영들을 분별하는 법을 깨닫게 해 준다. 따라서 이러한 분별의 도구를 얻게 된 것은 이후 영적 여정에도 지속적으로 도움을 주는 영성센터의 소중한 영향력이다. 하나님의 의사소통을 발견하는 분별은 부적절한 집착이 제거된 내적 자유를 지닌 영혼에 의해 가능하다. 깊은 내적 침묵과 예수 그리스도의 생애를 묵상하는 훈련은 우리 안의 부적절한 집착을 볼 수 있게 할 뿐 아니라 그것들이 하나님의 뜻을 발견할 때 영향을 미치지 못하게 하는 내적 자유를 제공한다. 깊은 내적 침묵과 좋은 안내자를 동반한 예수 그리스도의 생애 묵상을 제공하는 영성센터는 마치 영적 등반을 위한 베이스캠프와 같은 역할을 나에게 해 주었다.

4. 사도적 영성과 일상의 영성

2003년 10월 21일
"모욕과 오해"
그리스도의 군사인가 아니면 사탄의 군사인가를 판별하는

기준이 있다. 이냐시오에 의하면 그리스도의 군사는 가난, 모욕과 오해, 겸손이라는 기준 아래 모인 자들이며, 사탄의 군사는 부, 명예, 교만이라는 기준 아래 모인 자들이다. 여기서 특별히 모욕과 오해가 마음에 와 걸린다. 복음을 전하다가 모욕을 당하고, 선교를 하다가 오해를 받으면 기쁨으로 여길 것이다. 적어도 어떤 형태로든 그리스도를 위하여 모욕과 오해를 당하면 충분히 감당할 수 있다. 그러나 개인적인 관계에서 타인에게 모욕을 당하거나 오해를 받으면 참으로 견디기 어렵다. 나 자신이 다른 사람에게 그 정도밖에 안 되는 사람으로 취급당한 것 같아, 그 모욕과 오해가 마음에 깊은 상처가 되어 두고두고 분노를 자아낸다. 그래서 주님께 물었다. "주님, 주님과 상관없이 개인적으로 타인에게 모욕과 오해를 당하면 어떻게 해야 합니까?" 주님의 역질문에 그만 기가 막힌다. "너의 개인적인 삶은 나와 상관이 없단 말인가?" 입을 다물 수밖에 없다. "너의 개인적인 삶이 바로 나의 복음의 메시지다."

2003년 10월 26일

"독특한 아름다움"

나와 기도 시간이 비슷한 사람들이 몇몇 있다. 같은 기도 시간의 리듬을 가지고 있어 채플에서 기도하며 마주친다. 그런데 가끔 마음에 방해가 되는 한 사람이 있다. 종종 침묵을 깨트리는 소리를 만들어 내는 사람이다. 모두 고요히 침묵 속에 기도하고 있는데, 적당한 간격으로 반복해서 큰 소리로 코를 푼다거나, 기침을 한다거나, 여하간 어떤 소리든 만들어 내어 침묵을 방해한다. 나는 그 소리 때문에 기도에 집중하느라 고생했다. '도대체 왜 저런 소리를 내서 침묵을 방해하지.' 그러다가 즉시 마음이 찔려 '아니 내가 지금 리트릿을 하면서 다른 사람을 판단하다니. 이러면 안 되지. 저 사람도 어쩔 수 없어서 소리를 내겠지. 이해해야지. 주여 내 기도에 집중하게 해주십시오'라고 생각하며 마음을 다잡는다. 그리고 이 두 생각을 반복하면서 씨름한다. 그런데 오늘은 두 번째 주간이 끝나고 잠시 한나절 쉬는 기간이라서 리트릿 참여자 중 한 사람이 예배를 집례했다. 그런데 그 집례자가 바로 그 사람이었다. 키는 멀쑥하게 크고 말은 조금 어눌하며 조금은 아둔해 보이고 주변 상황이나 분위기에 민감하지 않는 스타일이었다. 그가 설교 중에 자기는 스마트한 사람을 미워한다고 말하는 것을 들으니 그의 스타일을 짐작할 수 있었다. 그런데 그의 예배 집례나 설교 내용이 참으로 아름다웠다. 순박하고 솔직하고 단순했다. 깊이 주님을 사랑하는 마음을 지녔음을 느낄 수 있었다. 아, 그 나름의 독특한 아름다움을 지니고 있구나! 그런데 내가 어찌 그를 판단할 수 있단 말인가? 비록 여러 가지 소리를 만들어 내도 하나님이 얼마나 그를 사랑하시겠는가? 아, 이제는 그의 소리에도 내 마음이 방해받지 않고 기도에 집중할 수 있겠다.

2003년 11월 4일
"피정 마지막날 저녁"

내일 정오쯤에 4주간의 영성수련(Spiritual Exercises)이 끝난다. 그리고 하루 반나절의 휴가를 보내고 다시 5일간의 Appropriation Days를 갖게 된다. 내일이면 실제적인 피정은 끝난다. 집에 가서 아내를 볼 수 있겠구나. 피정 기간에 하나님께서 많은 은혜를 주셨다. 특히 예수 그리스도와 깊은 우정을 나누게 된 것이 참으로 좋았다. 드라마틱한 경험은 아니었지만, 이제 묵묵히 묵직하게 주님을 따를 수 있는 토대가 다져진 것 같다. 이제는 아마, 드라마틱한 경험이 필요치 않을지도 모른다. 깊이 다져져서 돌이키지 않고 한 걸음 한 걸음씩 앞으로 내걷는 것이 중요하다. 그리고 예수 그리스도의 음성을 들을 수 있게 된 것이 무엇보다 소중하다. 무엇이 마음의 가장 깊숙한 곳에서 나오는 소리인지, 무엇이 곁에서 흘러나

오는 소리인지를 구별할 수 있게 된 것 같다. 그리고 주님의 Paschal Mystery에 깊이 참여하여 경험한 것은 앞으로 계속될 영적 여정의 가장 소중한 자산 중 하나가 될 것이다. 주님의 Laboring and Glory는 앞으로 나의 영적 여정의 나침판이 될 것이다.

피정을 하면서 또 하나 감사한 것은 그동안 나의 일상이 얼마나 복된 삶이었는가를 새삼 느끼게 된 것이다. 얼른 내일 정오가 되어 집에 가서 아내와 함께 지내며 하루 반나절을 쉬었다 오고 싶다.

이 그룹의 단상은 우리의 일상을 통해 예수 그리스도의 사랑과 임재의 영광을 드러내는 내용을 담고 있다. 영성수련은 세상으로부터 멀어지는 것이 아니라 다시 일상의 삶으로 되돌아가 일상의 영역에서 예수 그리스도의 부르심을 듣고 그와 함께 일하는 영성, 소위 사도적 영성과 일상의 영성을 소중하게 여기도록 영향을 미쳤다. 영성센터에서의 쉼과 회복과 변화는 센터에 머무르는 것이 아니라 세상으로 되돌아가 일상의 영역에서 결실을 맺는 것이다. 그것들은 일상의 소중함, 즉 평범한 것의 비범함을 더욱 깊이 느끼게 한다. 이는 첫 단상 "모욕과 오해"에서 "너의 개인적인 삶이 바로 나의 복음

메시지다"라는 결어에서 잘 드러난다. 또한 "독특한 아름다움"에서 자신의 편견을 넘어 다름을 독특한 아름다움으로 느낀 체험에서도 일상의 영성의 소중함이 분명하게 나타난다. 그리고 마지막 단상에서 일상 영성의 소중함은 "그동안 내 일상이 얼마나 복된 삶이었는가를 새삼 느끼게 된 것"과 "이제는 얼른 내일 정오가 되어 집에 가서 아내와 함께 지내며 하루 반나절을 쉬었다가 오고 싶다"는 말로 표현되어 있다고 생각한다.

지금까지 영성센터가 나의 영적 여정에 어떤 영향력을 미쳤는가에 대해 실제 영성수련을 하며 기록했던 단상을 통해 알아보았다. 많은 그리스도인이 바쁜 발걸음을 멈추고 고요하고 안정된 침묵, 좋은 자연환경, 건강한 먹거리, 좋은 영적 동반자를 제공하는 영성센터에서 예수 그리스도의 생애를 묵상하는 것과 같은 영성수련에 참여함으로써 자신의 영적 여정에 주요한 변화와 회복과 성숙의 탄력을 경험하기를 소망한다.

III. 영적 여정과 영성지도

나의 영성지도자로서의 훈련과 교육은 토론토 리지스(Regis) 칼리지가 제공한 Diploma in Spiritual Direction이란 프로그램을 통해서 이루어졌다. 이 프로그램은 4단계로 이루어졌으며, 이를 모두 마치려면 최소 2년이 걸린다. 아래의 글은 마지막 4단계를 마치기 위해 제출한 나의 종합성찰보고서이다. 4단계는 1-3단계에 속해 있는 영성지도와 영성에 관한 강의 수강, Triad 실습, 30회 이상 영성지도, 10회 이상 수퍼비전을 모두 마친 후 그 내용과 경험을 종합하여 주어진 질문에 따라 성찰보고서를 작성하는 단계이다. 그리고 난 후 마치 박사과정의 논문 오랄 디펜스처럼 세 명의 교수로 구성된 위원회에서 성찰보고서를 토대로 질문과 응답, 그리고 토론을 한다. 이 위원회를 통과하면 영성지도에 관한 디플로마를 받는다. 그때 위원회는 이렇게 말하며 모임을 종결한다. "우리는 당신을 영성지도자로 임명하는 것이 아닙니다. 우리 중 누구도 그럴 수 없습니다. 당신이 늘 하나님 앞에서 영성지도 사역에 부르심을 받았는지 확인하며 나아가야 합니다."

이 성찰보고서는 20여 년 전에 작성한 것이다. 그럼에도 성찰을 위한 질문들은 오늘날에도 영성지도 사역을 위한 영성지도자가 되기 위해서는 반드시 통과해야 할 중요한 질문이다. 또한 성찰보고서는 영성지도자로서 첫걸음을 내딛는 젊은 영성지도자의 영성지도에 대한 이해와 열의가 담겨 있다. 따라서 영성지도 사역의 길을 걷고자 원하는 후학들에게 작은 도움이나마 되었으면 하는 바람과 함께 아직도 영성지도 사역을 낯설게 느끼는 한국의 그리스도인들이 영성지도가 지닌 그리스도교 영성의 풍성함을 누렸으면 하는 소망으로 번역하여 싣는다.

영성지도: 겸손의 사역

1. 영성지도 사역에 대한 관조적 태도

나의 경험을 통해 떠오르는 영성지도에 관한 이미지 중 가장 두드러진 것은 하나님, 영성지도자, 피지도자가 삼위일체적으로 연합하여 함께 춤을 추는 것이다. 하나님은 주도권을 가지고 계시면서 우리에게 새로운 분위기, 새로운 리듬, 새로운 스텝을 배우도록 끊임없이 초대하신다(Birmingham, 154). 하나님은 먼저 피지도자와 함께 춤을 추시며, 피지도자의 삶의 스텝을 인도하신다. 하나님은 또한 영성지도자와 함께 춤을 추시면서 피지도자의 삶 속에 현존하는 하나님의 임재에 대한 통찰력과 예민한 민감성을 영성지도자에게 제공하신다. 그래서 영성지도자는 성령의 음악에 맞춰 피지도자와 함께 춤을 추면서 피지도자의 기도와 삶 속에서 하나님의 임재를 발견하고, 하나님과 더 깊고 성숙한 관계를 발전시킬 수 있도록 피지도자를 돕는다. 따라서 영성지도자의 관점에서 보면, 영성지도는 피지도자의 이야기와 영성지도자 자신의 마음속에서 하나님의 음악을 동시에 듣는 거룩한 경청의 예술이라고 할 수 있다.

이 거룩한 경청의 예술에는 공감적 경청, 불러내는 경청, 그리고 관조적 경청이라는 세 가지 필수 요소가 있다. 이 세 가지 요소는 서로 다르지만 깊은 차원에서 상호 연결되어 있으며, 피지도자의 기도와 일상생활에서 하나님의 현존을 찾는 결실을 맺는 일에 함께 작용한다. 따라서 영성지도 사역은 영성지도자의 관조적 자세를 필요로 할 뿐 아니라, 그러한 관조적 자세를 더욱 발전시키도록 영성지도자에게 계속적인 도전적 초대를 하고 있다. 따라서 나는 경험을 통해 몇 가지 방식을 사용하여 관조적인 자세를 발전시키려고 노력해 왔다. 첫째, 나는 피지도자의 하나님과의 관계에 초점을 맞추려고 최선을 다했다. 나는 "영성지도는 [하나님]과의 인격적인 관계의 발전에 도움을 주는 것"이란 사실을 계속 상기시켜 왔다 (William A. Barry & William J. Connolly, 31). 이러한 나의 노력은 피지도자의 문제를 해결함으로써 구조자가 되고 싶은 유혹에 빠지는 것을 상당히 방지해 주었고, 영성지도의 회기 한중간에서도 관조적 자세를 취하는 데 도움을 주었다. 대체로 말하면, 영성지도는 하나님과의 관계 안에서 우리를 인도하는 것에 관한 것이고, 목회 상담은 우리의 문제를 해결하는 것에 관한 것이다(Conn 1989, p. 98). 둘째, 나는 관조적인 자세를 발전시키기 위해서는 영성지도자의 자유가 필수적이라는 것을 절실하게 느꼈다. 영성지도자가 좋은 회기를 만들고자 하는 욕구에 지나치게 사로잡히면 관조적인 자세를 쉽게 잃어버리는 경향이 있다. 이런 의미에서 영성지도자는 영성지도가 자신의 일이 아니라 하나님의 일임을 명심해야 하며, 따라서 "창조주께서 피조물을 직접 대하시고, 피조물이 그의 창조주이신 주님을 직접 대하도록" 허용해야 한다(Ignatius of Loyola, Exs. [15]). 영성지도의 이러한 본질에 대한 영성지도자의 깊은 인식은 영성지도자가 자유를 얻고 관조적 자세를 발전시키는 데 도움이 된다. 셋째, 영성지도자와 피지도자 사이의 창조적 공간과 침묵의 시간을 중시하는 것 역시 관조적인 자세를 발전시키는 방법이다. 창조적인 공간이란 영성지도자가 긍휼을 잃지 않으면서 피지도자의 감정의 흐름에 따라 표류하지 않을 수 있는 적절한 거리를 의미한다. 이러한 창조적 공간이

유지되는 경우에만 영성지도자는 관조적 자세를 취할 수 있다. 또한, 회기 중 찾아 온 침묵의 시간은 하나님께서 피지도자의 마음 뿐만 아니라 영성지도자의 마음도 어루만져 주시는 하나님의 은혜로 가득한 순간이라는 것을 알게 되었다. 안디옥의 이냐시오(Ignatius of Antioch)가 말했듯이, 침묵은 하느님의 첫 번째 말씀이다. 이는 영성지도에서도 마찬가지다.

나는 몇 가지 훈련을 통해 영성지도에서 관조적 자세를 확립할 수 있었다. 특히 매일 하는 의식 성찰은 큰 도움이 되었다. 그것은 나의 일상과 나아가 피지도자의 삶 안에서 하나님의 현존에 대한 신비로운 감수성을 개발하는 데 도움이 되었다. 또한 기도하는 마음으로 회기를 준비하는 것도 관조적인 자세를 기르는 데 도움이 되었다. 나의 일상적인 기도 시간에 피지도자를 위하여 기도하고, 회기 시작 직전 5분에서 10분 동안 침묵기도를 하는 것 또한 관조적 자세를 향상시키는데 매우 효과적이었다.

영성지도가 하나님과의 인격적인 관계에 대한 것이므로, 영성지도자는 대화의 초점을 종교적인 체험에 맞추어야 한다. 그래서 나는 피지도자의 마음과 내 마음의 내면적 움직임 모두에 주의를 기울이려고 노력했다. 이는 피지도자가 자신의 종교적 체험 안으로 더 깊이 들어가고 그럼으로써 하나님과 더 깊은 관계를 발전시키는 데 도움이 되었다. 나는 또한 그 당시 "하나님은 당신에게 어떤 분이셨는가?", "하나님은 당신을 어떻게 생각하신다고 느끼는가?" 등과 같은 불러내는 개방형 질문으로 피지도자가 하나님과의 관계에 주의를 기울이도록 시도했다. 대화를 종교적 체험에 집중하는 가장 좋은 방법 중 하나는 체험의 세부 사항에 너무 집중하지 않고 하나님과의 관계라는 측면에서 피지도자의 전체 움직임에 초점을 맞추는 것이다. 전체 움직임에 초점을 맞추는 것은 피지도자가 하나님과의 관계에서 어떤 위치에 있는지를 파악하는 데 매우 중요하다.

현재 나의 관조적 자세에서 성장해야 할 지점 중 하나는 보다 더 인내하고 겸손해지는 것이다. 효과적인 회기를 만들어 성공적인 영성지도자가 되고 싶은 유혹이 여전히 내 주변에 남아 있음을 느낀다. 피지도자 안에서 하나님의 시간에 하나님의 역사하심을 인내심을 가지고 기다리는 것이 더 편안해져야 한다. 예를 들어 피지도자의 체험에서 내가 하나님의 현존을 알아차렸지만 피지도자가 그렇지 않았을 때, 나는 그것을 알려주고 싶은 유혹을 느꼈다. 피지도자가 몇 번의 불러일으키는 관조적인 질문에도 하나님의 현존을 알아차리지 못하면, 나는 그 사람을 향한 하나님의 행동을 더 겸손하게 기다려야 한다. 영성지도는 겸손의 사역이다. 영성지도의 사역에서 나는 쇠하고 하나님은 흥하여야 한다. 성공적인 영성지도자가 되고 싶다는 유혹은 또한 내가 불러일으키는 질문을 하는 데 너무 많은 관심을 기울이는 경향을 유발한다. 그러나 나는 불러일으키는 질문에 너무 많은 관심을 기울이면 공감하고 관조적으로 경청하는 데 방해가 된다는 것을 발견했다. 나에게는 공감과 관조적 경청에 완전히 몰입했을 때 불러일으키는 질문이 자연스럽게 나왔다. 나의 관조적 자세에서 성장해야 할 지점의 또 다른 하나는 하나님의 현존에 대한 나의 영적 민감성이다. 매일 의식 성찰을 연습해 나의 영적 민감성을 발전시키는 지속적인 노력을 해야 한다고 느낀다.

2. 진정한 자기 인식을 위한 영성지도의 역량

진정한 자기 인식을 얻기 위해 나는 먼저 내면의 감정에 주의를 기울이고, 그것을 성찰하고, 그중 일부를 개인 수퍼비전에 가지고 갔다. 둘째, 나는 한국 보수교회의 일부 가르침, 특히 지나치게 일방적인 신명기적 하나님 이해에 대해 화가 나는 경향이 있다고 느꼈다. 예를 들어 '내가 선을 행하면 하나님께서 나에게 복을 주시고, 내가 악을 행하면 하나님이 나를 징벌하실 것이다', '내가 좀 더 열심히 기도했더라면 나에게 나쁜 일이 일어나지 않았을 텐데' 하는 것이다. 나는 또한 근거 없는 성령의 은사운동에 화를 낼 가능성이 높다는 것을 깨달았다. 그러나 그러한 가르침에 대해 내가 느끼는 감정은 화의 감정만이 아니다. 나 역시 그런 가르침 아래서 신앙생활을 했기 때문에 그 사람들에 대한 긍휼의 마음이 있다. 실제 영성지도 회기에서 화와 긍휼이라는 양가감정을 느낀다는 것을 자각하면서 나는 화를 한 쪽에 내려놓고 긍휼의 마음을 키우려고 노력했다. 셋째, 또 다른 자기 인식은 내가 단절감을 느꼈을 때 같은 질문을 다시 반복하는 것에 대해 다소 불편함을 느낀다는 사실이다. 이 점을 성찰하면서, 나는 혹시나 피지도자가 불쾌하게 느끼지 않을까, 나와 피지도자와의 신뢰 관계가 약화되지 않을까 걱정하는 경향이 있다는 것을 알게 되었다. 하지만 사실 신뢰 관계는 그러한 단절된 감정을 억누르거나 숨기는 것이 아니라 서로 더 깊고 명확하게 이해하는 데서 구축된다. 나는 같은 질문을 다시 한번 부드럽게 하는 연습을 해 왔다. 넷째, 심각한 정도는 아니지만 다른 피지도자에 비해 한 피지도자가 성적으로 더 매력적이라는 것을 자각했다. 나는 성적으로 매력적인 피지도자에게 더 가르쳐 주려는 경향이 있음을 발견했다. 이를 인식하면서 그런 감정을 버리고 이것이 회기 진행에 영향을 미치지 않도록 노력했다. 다섯째,

피지도자의 어떤 가치나 견해를 들었을 때 나에게 때때로 적신호가 켜지는 것을 느꼈다. 나는 피지도자의 가치나 견해를 판단하지 않으려고 노력했다. 마지막으로, 영성지도의 사역에 있어서 나의 장점이 때때로 단점으로 바뀌는 경향이 있다는 것을 발견했다. 장점과 단점은 서로의 다른 얼굴이다. 예를 들어 나의 신학적 교육 배경과 다양한 기독교 전통에 대한 경험이 영성지도 사역에 도움이 된다고 생각했다. 한편으로 이것은 사실이다. 하지만 다른 한편으로 피지도자의 경험이 신학적으로 건강한지 아닌지를 쉽게 판단하는 유혹의 원천으로 작용하기도 한다는 것을 깨달았다. 판단하기보다는 먼저 피지도자의 체험에 충실하게 머물면서 피지도자가 자신을 더 온전히 하나님께 표현할 수 있도록 초대해야 한다. 그러면 피지도자는 자신의 체험 속에서 하나님의 현존을 더 잘 발견할 수 있게 되고(Birmingham, 139), 나는 내가 건강하지 않다고 느낀 피지도자의 신학적 성향의 부정적 기능뿐 아니라 긍정적 기능까지 더 깊이 이해할 수 있게 된다.

자기 인식을 키우려고 나는 축어록을 쓸 때 내가 누구인지를 나타내는 내면의 감정에 특별한 주의를 기울였고, 그중 일부를 수퍼비전으로 가져와서 수퍼비전을 통해 얻은 것을 다음 회기에 적용하려고 노력했다.

3. 영성지도 사역에서 발생하는 주제들

내가 중요한 교훈을 얻은 몇 가지 주제는 영성지도와 수퍼비전의 경험을 통해 제기되었다. 첫 번째 주제는 영성지도자의 자기 관리에 관한 것이다. 이 주제는 주로 두 가지 사건에서 비롯되었다. 하나는 시차로 매우 힘든 회기를 가졌을 때였다. 그날의 영성지도는 매우 어렵게 느껴졌다. 나는 시차가 회기에 영향을 미치지 않을 거라고 생각했는데, 실제로는 큰 영향을 미쳤다. 회기를 잘 준비하기 위해서는 영적인 자기 관리뿐만 아니라 신체적인 건강 관리도 필수적이라는 것을 절실하게 느꼈다.

한 번은 피지도자가 일찍 와서 사무실에 앉아 나를 기다린 적이 있다. 그 당시에는 아무런 문제도 느끼지 못했다. 하지만 수퍼비전을 하면서 내가 오기 전에 피지도자가 사무실 밖에서 기다리도록 요청하는 것이 영성지도자의 자기 관리에 중요한 경계를 설정하는 방법이라는 것을 알게 되었다.

두 번째 주제는 나 자신의 한계와 피지도자가 지닌 영성지도에 대한 역량을 아는 것이다. 피지도자의 역량을 확인하는 것은 영성지도자를 위한 것이 아니라 피지도자를 위한 것이다. 피지도자가 영성지도에 대한 역량을 보이지 않을 때 주저하지 말고 심리치료와 같은 더 나은 방법을 제안해야 한다.

세 번째는 문화적 주제에 관한 것이다. 한국 사람들은 빠른 성과를 원하는 경향이 있다. 또한 그들은 자신이 더 현명하다고 생각하는 사람, 나이가 많거나 교육 수준이 더 높은 사람이 찾아오면 그 사람에게 조언이나 가르침을 기대하는 경향이 있다. 따라서 첫 모임에서 영성지도가 어떤 것인지, 혹은 어떤 것이 아닌지를 분명하게 설명하는 것이 중요하다는 것을 알게 되었다.

네 번째 주제는 구조에 관한 것이다. 이 주제는 영성수련지도자들을 위한 워크숍(Retreat Director's Workshop)에서 제공한 수퍼비전에서 제기되었다. 영성지도자는 종종 절망에 빠진 피지도자의 구조자가 되고 싶어 하는 경향이 있다. 이는 영성지도를 잘해서 영성지도 사역에 대한 자신의 능력이나 탁월함을 입증하려는 무분별한 욕망에 뿌리를 둔 유혹이다. 영성지도자는 하나님을 신뢰하고 따라서 하나님께서 황폐한 피지도자를 직접 다루시도록 허용해야 한다. 영성지도자는 피지도자에게 제공하는 적절한 지원과 격려를 구조와 구별해야 한다.

마지막 주제는 피지도자의 저항이나 회피에 관한 것이다. 피지도자가 하나님과 더 친밀한 관계를 맺고자 하는 깊고 강한 열망을 지니고 있다는 것은 확실하다. 그럼에도 그러한 관계를 맺을 수 있는 실제 기회가 주어지면 그중 일부(또는 대부분)는 저항하거나 회피할 가능성이 높다. 일반적으로 그들은 자신의 자율성을 잃고 하나님이 그들을 십자가, 즉 고난을 짊어지도록 인도할지도 모른다는 두려움을 가지고 있다. 경험에 따르면 피지도자는 내 질문에 "모르겠습니다"라고 대답함으로써 그러한 저항이나 회피를 보이는 경향이 있었다. 피지도자의 저항에 대한 주제는 더 많은 관심이 필요하다.

4. 영성지도의 주요 주제인 분별

나의 영성지도 경험은 영성지도 사역에서 분별의 중요성을 강력하게 확증해 준다. 영성지도자의 주요 역할 중 하나는 피지도자가 자신의 다양한 내적 감정의 근원을 분별하여 자신을 향한 하나님의 특별한 뜻을 찾도록 돕는 것이다. 피지도자의 분별을 돕기 위해 영성지도자는 먼저 각 사람이 독특하다는 것을 인정해야 하며, 각 사람을 향한 하나님의 뜻도 독특하다는 것을 인정해야 한다. 따라서 자신을 향한 하나님의 특별한 뜻을 찾는 것은 일반적인 규범적 원리만으로는 유추할 수 없다. 가르침이나 조언은 단지 일반적인 규범적 원리로부터 추론하는 행위일 뿐이다. 반면, 이냐시오의 『영분별을 위한 규칙들』은 일반적인 규범 원리만으로 추론하는 것이 아니라 피지도자의 독특성과 그를 향한 하나님의 뜻을 경외하는 방식으로 하나님의 특별한 뜻을 찾는 방법을 제시하고 있다. 이런 의미에서 칼 라너(Karl Rahner)는 영신수련이 내일의 신학을 위한 주제를 형성할 수 있다고 주장한다. 즉, 신학에서 영신수련이 얼마나 중요한지는 특히 "영분별을 위한 규칙들"(Karl Rahner, 1964, p.87)에서 잘 드러난다. 또한 영성지도를 위한 영신수련의 중요성이 같은 규칙에서 더욱 분명하게 드러나는 것도 명백한 사실이다. 이는 영성지도의 핵심이 피지도자를 향한 하나님의 뜻을 알아차리는 것, 즉 영분별이기 때문이다.

영성지도자 또한 분별의 목적을 명심해야 한다. 이냐시오의 관점에서 볼 때, 보다 더 큰 하나님의 영광이 분별의 목적이다. 또한 그것은 분별의 기준이 되기도 한다. 우리의 선택은 단순히 좋은 것과 나쁜 것 사이의 선택이 아니라 때로는 좋은 것과 덜 좋은 것, 혹은 좋은 것과 더 좋은 것 사이의 선택으로 이루어진다. 따라서 무엇이 보다 더 큰 하나님의 영광에 일치하는지에 대한 질문이 분별의 기준이 될 수 있다. 이냐시오의 관점에서 볼 때, 분별은 생각과 감정을 도덕적으로 평가하는 것이 아니라 그것들의 기원을 인식하는 것이다. 이런 의미에서 분별은 생각과 감정의 전체적 전개 과정과 그것들이 이끄는 방향에 주의를 기울여야 한다. 영성지도 회기에서 나는 주로 이냐시오의 분별 방식을 사용했다. 나는 피지도자의 영적 위안과 영적 실망의 체험에 집중함과 동시에 피지도자의 이야기를 경청하면서 내 마음에 느껴지는 영적 위안과 영적 실망의 체험에도 초점을 맞추었다.

영성지도자의 자유는 성령의 임재와 인도하심을 알아차리는 데 필수적이다. 이 자유는 우리 마음이 성령께 열려 있을 때 주어지는 하나님의 선물이다. 따라서 영성지도자가 자신의 기도와 일상생활에서 성령의 임재를 알아차릴 수 있을 만큼 자유롭기 위해서는 마음을 성령께 온전히 열어야 한다. 영성지도라는 고귀한 사역이 나의 일이 아니라 하나님의 일이라는 사실을 깊이 인식할 때 성령께 마음을 열 수 있다. 이러한 깊은 자각을 통해 영성지도자는 자유에 도달하기 위해 스스로를 초연하게 만들어야 한다. 이냐시오의 관점에서 초연은 하나님의 영광에 더 도움이 되는 것이라면 무엇이든 완전히 개방하는 근본적인 내적 지향성을 의미한다. 즉, 초연은 "하나님의 모든 새로운 사역에로의 부르심에 대해 끊임없이 경청할 준비가 되어 있는 것"이다(Karl Rahner, 1967, p.291). 이냐시오는 "초연하다"라는 표현 대신 "우리 자신을 초연하게 만든다"라는 표현을 사용한다. 전자는 피조물에 대해 어떠한 욕망이나 혐오감을 느끼지 않는 존재가 되라는 뜻이고, 후자는 삶의 끊임없는 선택 속에서 피조물에 대한 욕망이나 혐오감이 우리의 선택을 결정하지 못하도록 해야 한다는 뜻이다. 초연은 자유로 가는 문이며, 영성지도자와 피지도자 모두가 분별을 위해 그 자유를 필요로 한다.

피지도자를 위한 하나님의 사랑과 행동에 관한 이야기를 경청하는 것은 나에게 큰 특권이다. 영성지도 사역에 참여하는 것은 나와 하나님과의 관계가 성장하는 데 기여했다. 나에게 영성지도와 수퍼비전은 영적 위로의 자원이었다. 특히 피지도자가 하나님과의 관계에서 성장하는 모습을 볼 때 큰 영적 위로를 받았다. 그러나 회기가 무겁고 나 자신을 자책할 때는 영적 실망을 느꼈다. 게다가 나 자신이 피지도자의 내적인 감정에 점점 더 민감해지고, 피지도자의 위로나 실망이 내 마음을 울리는 것을 더 자주 느꼈다.

5. 영성지도에 대한 신학적 가정

나는 하나님에 대한 하나의 가정을 가지고 있었다. 그것은 하나님은 언제나 더 위대하시다는 것이었다. 영성지도자로서 영성지도를 경험한 후에도 여전히 같은 가정을 가지고 있지만 이에 대한 느낌은 이전과 많이 달라졌다. 예전에는 하나님을 더 온전히 알기 위해 계속해서 더 열심히 노력해야 한다는 부담감을 주로 느꼈었다. 하지만 지금은 자유를 향한 하나님의 초대이기 때문에 흥미를 느낀다. 하나님은 하나님에 대한 이해나 이미지의 지평을 넓히도록 나를 초대하고 계신다. 이러한 지평의 확장은 진정한 내가 되어 가는 자유와 성장을 의미한다.

하나님에 대한 또 다른 가정은 하나님과 삶이 신비라는 것이다. 우리는 하나님과 삶을 결코 완전히 이해할 수 없으며, 하나님과 삶에는 항상 알 수 없고 이해할 수 없는 것이 있다는 것이다. 이러한 가정으로 인해 나는 때때로 하나님과 삶이 불공평하다는 것을 느꼈다. 영성지도에서 다른 사람들의 삶의 신비를 경청하고 함께 머무르는 것은 불공평하다는 느낌을 변화시키는 데 기여했다. 그런 느낌이 어느 정도 남아있지만, 하나님과 삶을 신비로 받아들이고 내가 모르는 하나님과 삶에 대해 감사하려고 노력하는 것이 더 편해지고 있다.

영적 성장은 개인의 인격적인 성장과 함께 이루어지며, 그 반대의 경우도 마찬가지다. 하나님과의 관계에서의 성장은 다른 사람과의 관계에서의 성장과 깊은 관련이 있다. 영적 성장이란 단순히 기도가 더 달콤해지는 경험을 의미하는 것이 아니라, 하나님뿐만 아니라 다른 사람과의 인격적인 관계에서도 성장하고, 참 자아가 되며, 삶의 신비를 받아들이는 것을 의미한다. 하나님과의 더 많은 연결은 다른 사람들과의 더 많은 연결이라는 열매를 맺는다.

영신수련은 "이냐시오 자신의 회심과 목적의식적인 삶의 변화 과정의 정수"이기 때문에 종종 "회심을 위한 비법"이라고 불린다(Evennett, 65, 45). 영신수련에서 이냐시오는 관조와 사도적 봉사를 통합하는 관조적 사도로 변화한 자신의 모습과 유사한 경험으로 수련자를 초대한다. 이냐시오의 삶과 사역에서 그러한 통합이 "모든 것 안에서 하나님을 발견하기" 또는 "행동 속에서의 관조"라는 열매를 맺었듯이, 영신수련은 피지도자가 동일한 열매를 맺도록 안내한다. "모든 것에서 하나님을 발견하기"나 "행동 속에서의 관조"는 피지도자의 영적 성장에 명확한 방향을 제시한다. 나는 영성지도자로서 피지도자가 기도뿐만 아니라 일상생활에서도 하나님을 발견하고 하나님과 타인과의 관계 속에서 성장할 수 있도록 돕고자 노력해 왔다. 특히 매일의 성찰은 "모든 것에서 하나님을 발견하기"에 필수적인 신비적 감수성을 일깨우는 데 도움이 되는 것으로 입증되었다.

6. 인간 발달과 영성지도

나는 로버트 키건(Robert Kegan)의 이론을 인간 발달의 작동 모델로 사용한다. 키간은 생애 발달의 여섯 단계를 통합적[0], 충동적[1], 제국적[2], 대인관계적[3], 제도적[4], 개인 간[5]의 단계로 제시한다(z, 118-120). 키건에게 이 여섯 단계는 인생의 두 가지 가장 큰 갈망인 분화(독립)와 통합(포함)의 창조적 긴장에 의해 생성되는 나선형 운동으로 구성된다. 대체로 발달 이론에서는 성장을 분화, 즉 자율성의 증가라는 측면에서 정의하는 경향이 있는 반면, 키건은 성장 과정에서 이 두 가지 갈망에 동등한 가치를 부여한다. 영성지도에서 영적 성장은 주로 친밀감과 연합의 측면에서 이해된다. 키건의 인간 발달 모델은 "진정한 성숙이 자율성을 넘어 친밀감과 연합으로 나아가는 이유"를 설명하고 "심리학과 영성이 인간 발달의 목표에 완전히 동의할 수 있다는 확신"을 뒷받침하기 때문에 영성지도에도 큰 도움이 된다"(Conn, 1983, p.391).

피지도자가 하나님과 관계를 맺는 방식은 다른 사람들과 관계를 맺는 방식과 연관이 있다. 따라서 영성지도자는 피지도자가 인간 발달 단계의 관점에서 어디에 있는지를 파악해야 한다. 이는 피지도자가 하나님과 어떤 관계에 있는지 이해하는 데 도움이 될 것이다. 영적 성장은 인간의 발달과 연결되어 있기 때문에 피지도자와 하나님과의 관계에 초점을 맞추면서 영성지도자는 다른 사람들과의 관계에도 주의를 기울여야 한다.

7. 성찰적이고 기도하는 마음으로 축어록과 수퍼비전 사용

수퍼비전과 축어록을 성장을 위한 더 나은 도구로 사용하기 위해 나는 수퍼비전에서 집중하고 싶은 부분과 회기 중에 느낀 감정을 더 명확하게 언급하려고 노력했다. 내가 그것들을 더 명확하게 언급할수록 수퍼비전과 축어록은 영성지도자의 역할에 대한 나의 성장에 더 효과적인 수퍼비전이 될 수 있다.

내 경험에 비추어 볼 때, 축어록은 자기 인식을 얻는 데 필수적인 도구였다. 축어록을 쓰는 시간은 성찰의 시간이다. 글을 쓰는 동안 나는 내 감정에 집중했다. 예를 들어 그 당시의 감정이 어땠는지 먼저 떠올린 다음, 왜 그런 감정을 느꼈는지, 그 감정에 나의 어떤 문제가 얽혀 있는지 성찰한다. 이러한 성찰은 내가 더 구체적으로 기도하는 데 도움이 되었다. 기도, 성찰, 축어록과 수퍼비전 사이에는 확실히 강한 연관성이 있으며, 이 모든 것이 영성지도의 필수 구성 요소이다. 영성지도는 단지 세션 자체만이 아니다.

축어록은 몇 가지 면에서 나의 관조적 자세에 큰 영향을 미쳤다. 한편으로 그것은 세션에서 하나님의 임재로부터 오는 감정을 포함하여 내 내면의 감정에 초점을 맞추고 있다. 축어록은 그러한 하나님의 임재의 순간을 확증해 주었다. 또한 내가 하나님의 임재를 놓친 부분과 피지도자가 하나님의 임재를 더 깊이 경험할 수 있도록 인도할 수 있는 부분도 알려주었다. 이러한 실천, 축어록, 성찰, 수퍼비전의 과정은 나의 관조적 자세를 향상시키는 데 큰 도움이 되었다. 다른 한편으로 축어록과 수퍼비전을 통해 얻은 자기 인식은 피지도자의 이야기로 인한 감정의 소용돌이에 휩쓸리지 않게 해 주었다. 이런 의미에서 자기 인식은 자유를 증진시켜 관조적 자세를 강화했다.

축어록은 나의 영성지도 기술을 향상시키는 데도 도움이 되었다. 우선 질문하는 기술을 향상시키는 데 도움이 되었다. 나의 질문에 대해 성찰하는 시간을 가질 수 있었고, 성찰을 통해 더 적절하거나 개방적인 질문이 대안이 될 수 있는 몇 가지 질문을 인식하게 되었다. 부적절한 질문은 세션 과정의 역동성을 방해할 수 있다(그럼에도 나는 하나님께서 같은 세션에서 두 번째 기회를 주시는 것을 경험했다). 축어록은 이러한 질문 뒤에 있는 내면의 동기를 점검하도록 했다. 그런 질문은 나 자신의 호기심, 피지도자를 만족시키고자 하는 욕구, 침묵을 채우려는 의도에서 비롯되는 경향이 있다. 축어록은 피지도자가 하나님의 임재를 더 완전하고 깊이 발견하도록 돕기 위해서만 질문해야 하며 부드럽게 해야 한다는 점을 염두에 두는 데 도움이 되었다. 축어록과 수퍼비전을 통해 나는 적절하지 않은 질문에 대한 대안을 찾고 연습할 수 있었다. 둘째, 축어록은 피지도자가 말하는 내용뿐만 아니라 그 사람의 얼굴이나 몸 전체가 말하는 것을 듣는 능력도 향상시켰다. 때로는 두 가지 메시지가 서로 일치하지 않을 때가 있다는 것을 발견했다. 축어록과 수퍼비전을 통해 어떤 메시지가 더 진실한지 신중하게 확인하는 방법을 배웠다. 셋째, 축어록은 침묵이 피지도자가 하나님의 임재를 더 깊이 경험하는 순간임을 확인시켜 주었고, 따라서 침묵에 대처하는 방법을 배우는 데 도움이 되었다. 더 나아가 피지도자와 하나님과의 관계에서 중요한 단어를 적절하게 강조하는 방법, 원하는 내용을 말해 주거나 구조하지 않고도 공감을 적절하게 표현하는 방법도 축어록에서 배웠다.

8. 영성지도 사역의 실천

영적지도 사역에 대한 나의 소명감은 실습을 통해 확인되고 구체화되었다. 이제 나는 이 고귀한 사역에 부르심을 받았다는 것을 더욱 강하게 느낀다. 또한 실습을 통해 하나님께서 나에게 영성지도의 은사를 주셨다는 것을 확인했다. 라플라스(Laplace)가 지적했듯이 "영성지도는… 그 자체로 값없는 은혜이며, 그것을 받는 사람의 공로와는 무관하게 하나님이 주시는 것이다"(Laplace, 94). 이것이 나의 신중한 확신이다.

IV. 나가는 말

캐나다 괼프에 위치한 로욜라 리트릿 센터에서 제공한 40일간의 영성수련 체험을 기록한 단상을 통하여 영성센터가 나의 영적 여정에 어떠한 영향을 끼쳤는지를 살펴보았다. 또한 토론토 리지스 칼리지에서 개설한 영성지도 디플로마 프로그램에 참여하면서 작성한 마지막 4번째 단계인 종합성찰보고서를 공유함으로써 영성지도가 나의 영적 여정에 미친 영향을 간접적으로 알아보았다. 영성센터에서의 영성수련 체험과 실제적인 영성지도의 실습을 통해 나는 영신수련과 영성지도의 사역이 그리스도인 개개인의 하나님과의 지속적인 관계를 심화시킨다는 것을 확신했다. 또한 나는 영성센터와 영성지도 사역이 한국교회를 갱신하고 활력을 불어넣는 데 큰 도움이 될 수 있음을 더욱 분명하게 느꼈다. 나는 이러한 영신수련과 영성지도 사역을 소개하고 확산하여 한국교회의 갱신에 기여하고 싶다. 그리하여 영성센터와 영성지도 사역은 나의 영적 여정의 두 발이 되었다.

지루한 코로나 시기 가운데
세상의 흐름을 거슬러
집요하게 기도하는 소모임에서
성령님은 알곡을 만들기 위해 한 송이 꽃을 피우셨다

꾸질지게 달라붙는 거짓 자아의 횡포로부터 해방되는 기쁨과
자신의 영혼이 하나님 품안에 있음을 체험하는
은총의 순간을 허락하셨다.

2부

영성지도가 가져온
변화 이야기들

하나님의 초대

김벼리 (임상심리전문가)

영성지도가 무엇인지 궁금하여 이 책을 읽고 있는 당신! 어서 오시라! 환영하고 축복하는 마음으로 박수를 보내 드리고 싶다. 이 글의 목적은 영성지도를 비롯한 영적 훈련에 대한 한 개인의 경험을 공유함으로써 독자들에게 영성지도와 영적 훈련의 일면을 보여주려는 데 있다. 부족한 글로도 선하신 하나님께서는 너끈히 당신에게 은총의 빛을 보여주시리라 믿기에, 글을 읽는 당신을 위해 기도드린다.

1. 영성지도란 무엇인가?

누군가 영성지도가 무엇인지 묻는다면 나는 다음과 같이 대답하겠다.

내 영혼이 성막 뜰에서 성소를 지나 지성소까지 나아가는 것이다.

문밖에서 두드리는 주님을 영혼 깊은 곳으로 모시는 일이다.

한마디로 깊은 기도 속에 주님을 만나는 일이다.

기도가 깊어지는 여정 속에 중보자요 돕는 자인 영성지도자와 함께 길잡이이신 성령의 인도를 따라 하나님을 향하여 발걸음을 옮기는 것이다.

2. 영성지도가 그리스도인에게 필요한 이유는 무엇인가?

"네 마음을 다하고 목숨을 다하고 뜻을 다하고 힘을 다하여 주 너의 하나님을 사랑하라 하신 것이요"(막 12:30). 우리는 하나님을 더욱 사랑하도록 초대받았다. 그리고 그렇게 사랑하기를 원한다.

어떤 이는 율법을 잘 준수함으로, 어떤 이는 매일 큐티를 실천함으로, 어떤 이는 치열한 일상에서 '주님이라면 어떻게 하셨을까' 고군분투하며 기도함으로, 또 어떤 이는 자신에게 중요한 시간과 재산을 하나님께 내어드림으로, 저마다 다양하게 응답할 것이다. 그리고 어느 길이건 그 중심이 하나님을 향해 있다면 성령의 도우심으로 주님과 더 가까워지는 통로가 될 것이다. 신앙의 이 모든 경험 속에서 나도 주님을 알게 되었다. 하지만 가장 주님을 피부에 와 닿게 느낀 경험, 주님과 내가 정말 가까이 있다는 것을 느낀 경험, 주님을 향한 나의 마음이 가장 강렬하고 절절했던 경험을 손꼽으라 한다면, 그것은 내가 무엇을 했을 때가 아니라, 주님께서 내게 무엇을 하셨을 때이다. 하나님을 인격적으로 만난 많은 그리스도인도 마찬가지일 것이다.

깊은 기도는 내가 비워지고 그 영혼의 그릇에 주님이 가득해지게 한다. 주님께서 얼마나 나와 가까이 계시는지를 전인(몸과 영과 혼)으로 경험하게 된다. 영성지도는 내가 비워지도록, 그리고 주님을 바라보도록 깊은 기도로 인도하는 매우 강력한 은총의 과정이다. 깊은 기도로 초대된 그 영혼은 주님께서 원하신다면 그 비워진 곳을 당신으로 가득하게 하시는 그분의 은총을 맛볼 수 있다(내가 아는 한 하나님께서는 그렇게 하시기를 우리보다 더 간절히 바라고 원하신다). 그러므로 영성지도는 모든 그리스도인에게 열린 하나님을 향한 은총의 길이라고 확신한다.

3. 고백—내어드림

마음 속 이야기를 밖으로 꺼내려면 상당한 용기가 필요하다. 적어도 나에게는 그렇다. 하지만 이렇게 나의 이야기를 할 수 있는 것은 용기를 크게 주신 나의 하나님 때문이다. 그분은 없는 것을 있게 하시며, 또 묵은 것을 새롭게 하시는 창조주 하나님이실 뿐 아니라, 영성지도와 훈련을 통하여 이 모든 은혜를 자격과 공로 없는 내게 그저 사랑으로 주셨다. 그렇기 때문에 주님께서 쓰시겠다 하면 내어드리는 것이 매우 마땅하다.

4. 고백-내어맡김

나는 임상심리전문가로서 10년 이상 활동해 왔고, 그동안 자기 이해와 성장을 위해 정신분석과 심리상담을 100회 이상 받았다. 영성지도를 받게 된 지도 7년이 되었다. 정신분석과 심리상담을 통한 자기 이해와 성장은 매우 귀하고 값지지만, 영성훈련은 다른 차원의 것이었다. 영성훈련을 통한 진정한 자기됨과 변형(transformation)은 인간의 학문과 경험을 뛰어넘는 전혀 다른 차원이며, 눈물이 폭포수같이 쏟아지거나 어안이 벙벙해질 만큼 놀랍고 값을 매길 수 없는 은총이었다. 여러 영성훈련 중 본고에서는 최근 다녀온 리트릿(피정) 경험의 일부만 꺼내어 기술해 보려 한다.

5. 고백-만나주심

2024년이 밝았다. 새로운 해가 시작되는 일에 대한 감흥이 점점 크지 않은 이유는 세월 탓일까? 다이어리를 사는 것도, 새로운 해에 대한 목표나 계획을 세워보는 것도 없이 2024년의 1월을 맞이했다.

1월 8일 오후. 나는 곡성역 앞에 있었다. 학기말에 누군가가 영신수련에 관한 리트릿에 대한 이야기를 했고, 학생으로서 배울 것이 많을 것이라는 생각에 리트릿을 가기로 했다. 생전 처음 밟아보는 곡성 땅에서 리트릿을 함께하는 일행과 함께 '소망의 언덕'으로 향했다.

소망의 언덕에 도착하여, 널찍한 몸뚱이로 누군가에게 자신을 기꺼이 내어주고 있는 바위 위에 가만히 앉았다. 그리고 '하나님께서 이곳으로 나를 부르신 이유가 있을 터인데…'라고 생각하며 눈을 감았다. 그 짧은 순간, 떨기나무에서 모세를 부르신 그 음성으로 하나님이 나를 부르시는 것 같았다. '벼리야, 벼리야, 벼리야…' 내 마음을 가득 채우는 나지막하고 따스한 음성은 분명 주님의 음성이었다. 나는 "네. 주님. 저 여기 있습니다"라고 응답하였다. 주님께서 티끌 같은 나를 아시고 이름을 불러주신다는 것만으로도 가슴이 벅차올랐다. 코끝이 찡하였다. 그리고 말씀에 더 집중하고 싶은 마음이 들었다.

첫날 밤, 한 해를 돌아보는 성찰기도 시간이 있었다. 인도자는 하나님의 눈으로 지난 한 해를 보도록 독려하며 이사야 말씀을 침묵 가운데 들려주었다. 말씀을 붙들고 묵상하면서 하나님께서 2023년 나와 어떻게 함께해 주셨는지를 묵상하였고 기록하였다.

하나님께서는 신실하셨다. 추운 겨울 중에 '이미 당도한 봄'을 묵상하게 하시며 고난 중에 노래할 소망을 주셨다. 스스로 풀지 못하는 사슬로부터 풀어 주시고 내 멍에를 당신께 맡기라고 하셨다. 그리고 존귀하고 존귀하다 여기시며 정죄하지 않고 그저 사랑하셨다. 오롯이 사랑으로 동행해 주신 나의 주 하나님이셨다. 그 하나님의 사랑에 감사하면서 매일매일을 살고 싶은데, 새해가 시작되었음에도 설렘이나 기대 없이 다소 무기력하게 이곳까지 온 나 자신을 마주하게 되었다. 모임이 마무리되고 사람들은 자리를 떠났고, 나는 예배당에 남아서 오늘 받은 말씀을 다시 묵상하기 위해 이사야 44장을 펼쳤다. 읽다 보니 '너를 도와줄 여호와'가 눈에 띄었고, "괜찮다. 벼리야. 내가 너를 도울 것이다"라고 말씀하시는 것 같았다. '이 말씀을 아까는 놓쳤구나. 감사하다. 나를 돕는 분이 하나님이시라면 내가 무엇을 두려워하리!' 마음이 다잡아졌다. 힘이 솟아났다. 그런데 뒷부분을 읽으면서 알게 되었다. 인도자가 읽어 준 구절은 이사야 44장이 아니라 43장이었다는 사실을! 명확히 듣지 못하여 엉뚱한 성경 구절을 묵상한 것이었는데, 우연을 가장한 필연으로 하나님은 내게 위로와 소망을 건네셨다.

숙소로 돌아가는데 유독 밤하늘에 별이 빛났다. 별을 보고 있노라면, 하나님께서 예전에 주셨던 약속의 말씀이 떠오른다. 하나님이 넌지시 말을 건네셨다. "벼리야. 나는 잊지 않고 기억하고 있단다." 20대, 흔들리는 갈대와 같았던 내가 교회 수련회장에서 홀로 나와 눈을 들어 하늘을 보았을 때, 하나님께서는 산 넘어 하늘에 펼쳐진 비처럼 쏟아질 듯한 수많은 별을 보게 하셨다. 참으로 아름다웠다. 그리고 발아래 무슨 용도인지 모르겠으나 두텁게 쌓아 둔 모래를 보게 하셨다. 별과 모래 사이에 있는 내게 하나님께서는 나지막한 음성으로 말씀하셨다. "내가 너의 자손을 모래와 별과 같이 많게 할 것이다." 그분의 음성에는 늘 사랑이 가득 묻어 있다.

나는 무슨 뜻인지 정확히 알지 못하였지만, 주의 복을 받는다는 말씀 같아서 '아멘'이라고 응답하였다. 그리고 그 약속은 살면서 종종 꺼내 보게 되는 인생의 한 페이지 같았다. 리트릿 첫째 날 밤은 십여 년 전의 그 약속을 기억하고 계시는 신실한 하나님의 현존을 느끼는 시간이었다. 티끌과 같은 내 인생의 한 자락을, 그 눈물을, 당신은 단 한 순간도 잊지 않으셨다고 말씀하시는 것 같았다. 그토록 한결같이 나를 사랑하시는 주님이셨다.

둘째 날 새벽, 탕자의 비유를 묵상하였다. 나는 첫째 아들에게 시선이 갔다. 애쓰지 않고서는 아버지와 관계할 줄 모르는 메마르고 비틀어진 장작 같은 큰아들의 생이 그려졌다. 가슴이 아팠다. 있는 그대로 사랑받고 아버지를 사랑하는 방법을 몰라서, 자신의 욕구와 자유를 억압해서라도 아버지를 기쁘게 해 드리고자 애썼던 그였다. 집 떠난 탕자보다 곁에 있는 그 탕자가 더 안쓰럽다 못해 비참하게 느껴질 지경이었다. 동시에 나는 아버지를 탓하고 싶어졌다. "왜 가만히 계셨어요? 꿰뚫어 알고 계셨을 텐데 왜 첫째 아들을 저렇게 비참해지도록 내버려두셨어요? 수고하고 애쓰지 않아도 이미 있는 그대로 너를 사랑한다고… 계속해서 계속해서 알려주시지 그러셨어요. 그러면 이토록 그가 비참해지지 않았을 텐데요!" 슬프고 화가 나서 아버지를 부여잡고 흔들고 싶었다. 왜냐하면 첫째 아들의 모습에 내 삶이 담겨 있기 때문이었다.

나의 현실을 보았다. 기도가 나왔다. "하나님, 저를 불쌍히 여겨 주세요. 저를 돌봐주시고 도와주세요. 원하는 대로 생긴 대로 살아도 괜찮다고… 애쓰지 않아도 사랑받고 사랑할 수 있다고… 사랑에 대한 새로운 차원으로 저를 인도해 주세요"

라고 간구했다. 그날 오후 일대일 영성지도 시간이 있었다. 돌아온 탕자의 말씀에서 내가 느꼈던 것을 나누었다. 영성지도자는 내게 "하나님께 솔직한 심정으로 마음을 토로해 보세요. 주님을 부여잡고 흔들고 싶은 그 마음을 가지고 나아가 보세요"라고 도전하셨다.

나는 그 도전을 받고 그날 개인기도 시간에 주님 앞에 나아갔다. 내가 주님의 몸을 붙잡고 절규하며 흔들자, 주님은 흔들려 주셨다. 나를 안쓰러이 바라보시면서, 눈물 흘리시며 "미안하다"라고 말씀하셨다. 내가 자책하는 것이 더 가슴 아픈 까닭에 아무 잘못 없는 그분이 내게 그렇게 미안하다고 말씀하셨다. 그 사실을 알기에 눈물을 멈출 수 없었다. 그 사랑을 알기에···.

나는 죄 없는 하나님을 붙들며 하소연하는 나 자신의 모습을 보고 괴로웠지만, 하나님께서는 너끈히 모든 것을 감당하고도 든든하게 서 있는 사랑이 한이 없는 강인한 아버지임을 내게 말씀하신다. 그러므로 넉넉하게 안으시는 하나님의 품 안에서 부디 자유하라고 말씀하신다. 하나님은 나를 당신의 품에 안고 또 안으셨다. 눈물은 마르지 않는 샘물처럼 계속 내 눈 속을 가득 채워 흘러넘쳤다. 그 이후로 리트릿을 마치는 순간까지, 하나님께서는 한순간도 빠짐없이 형언하기 어려운 은총을 허락해 주셨다. 리트릿에서의 시간은 꿈결과 같이 지나갔다.

6. 다시 일상으로

다시 아침이다. 나는 침대에서 일어나서 잠시 눈을 감고 지난 밤 지켜 주시고 오늘도 함께해 주시는 하나님께 하루를 맡기는 기도를 드린다. 당신 앞에 잠시 앉아 있으려고 당신의 현존을 느끼고 싶어 눈을 감고 잠잠히 앉아 있다.

마음과 달리 깊은 기도로 들어가는 것은 쉽지 않다. 오늘 내가 해야 할 일들이 머릿속을 비집고 들어온다. 내가 얼마 전에 말하고 행동한 것들에 대한 자기 감찰이 연기처럼 피어오른다. 그리고 아직 닥치지 않은 미래에 대한 막연한 걱정은 끝이 보이지 않는 열차처럼 한 번 들어오기 시작하면 멈출 줄을 모른다. 온갖 생각이 나를 스쳐 지나가는 동안 부산스러운 내면 세계를 마주하는 것은 꽤 어려운 일이다. 이런 반복된 일상 속에 어떻게 주님을 붙들 수 있는가? 과연 이 부산스러움 속에서 리트릿 때처럼 하나님을 가까이 느끼는 것이 가능하긴 한 건가? 그런 고민은 꽤 오랫동안 나를 괴롭혔다. 그리고 어느 날 대학원 동기들과 함께하는 관상적 경청 훈련 시간에 그 마음을 기도문으로 작성하여 주님께 올려 드렸다. 그

때 경청으로 동행해 준 어떤 동기의 반응이었던 '변화산' 사건을 깊이 묵상하게 되었다. 깊은 기도로 들어갔을 때, 나는 베드로의 마음이 이해가 되었다.

예수님은 베드로와 제자들 앞에서 영광스러운 모습으로 변화하셨다. 하나님께서는 예수님을 "이는 내 사랑하는 아들이요, 내가 기뻐하는 자"라고 말씀해 주셨다. 저들에게는 성부 하나님과 성자 예수님의 교통하심을 목도하는 엄청난 시간이었으리라. 그 놀라운 경험을 어찌 말로 표현할 수 있을까. 베드로는 이 변화산에 초막을 짓자고 이야기하면서도 자신이 무슨 말을 하는지도 모를 만큼 놀랐고 또 황홀함 속에 젖어 있었다. 세상의 모든 근심과 염려는 온데간데없고, 오직 그리스도만 보이는 기적을 경험한 것이다.

깊은 기도로 들어간 경험 속에서 나는 하나님의 영광의 빛의 일부를 맛본다. 당신의 사랑과 은총이 얼마나 황송한 것인지, 그저 눈물로 밖에 표현할 길이 없다. 그 사랑과 은총의 빛 아래 있는 동안은 세상 모든 근심과 걱정으로부터 자유롭고 진정한 나 자신으로 있게 된다. 모든 것을 꿰뚫어 보시는 그분이 나를 판단하지 않으시고 따스한 눈길로 보시기에 오롯이 진정한 나로 존재할 수 있는 것이다. 그 놀라운 은총 가운데 머물고 있노라면 변화산은 얼마나 더 경이롭고 황홀하였을까, 감히 상상조차 하기 어렵다. 베드로가 세상으로 내려가지 않고 그곳에 머물고 싶었던 그 마음이 백번 이해된다. 하지만 예수님은 베드로와 제자들에게 "이제 가자!"라고 말씀하신다. 연합과 은총의 특별한 장소에서 삶의 자리 일상으로 내려가자고 하신다. 당신을 잘 알지 못하고 비난하고 조롱하는 자뿐만 아니라, 당신을 추종하는 무리조차 그분을 정치적 메시아로밖에 생각하지 못하는 현실 속으로 말이다. 길 잃고 우둔한 양 무리 가운데로 주님께서 저벅저벅 걸어가신다. 억지로가 아니라, 하나님의 소망을 가득 안고 기꺼이 그 길을 걸어가신다. 예수님은 인류가 죄의 사슬을 벗고 하나님께로 나아올 수 있게 하시려고, 당신 자신을 온전히 내어 놓아 죽음과 생명이 교차되는 길, 아픔이 기쁨과 교차되는 길로 기꺼이 나아가신다.

나도 변화산을 내려가야 한다. 하지만 두렵지 않다. 영광 받으신 예수님과 함께 가기 때문이다. 그날의 경험이 마음에 깊이 새겨져 있기 때문이다. 환상이 아니고 실제였기 때문이다. 현실에 그 실제(reality)를 품고 나아가는 것이다. 예수님도 그 실제를 가득 안고 하나님과의 연합 속에서 세상으로 나아가셨으리라! 그분께는 변화산과 일상이 하나였으리라!

반복되는 일상이다. 하나님은 나의 모든 일상에 함께 계신다. 누군가를 만날 때에도, 대중교통에 몸을 싣고 많은 사람 사이를 오갈 때에도, 회사에서 상담을 하고 회의를 할 때에도, 세상 굴러가는 모습을 보며 쉴 때에도… 하나님은 나의 일상에 잔잔히 또 친밀히 함께하신다. 바쁘고 소소한 일상 가운데 하나님의 현존을 느낄 수 있는 순간은 매우 짧다. 하지만 하나님과의 동행은 결코 우리의 '느낌'에 국한되지 않는다. 하나님은 점이 아니라 선으로 함께하시는 분이다. 하나님은 우리의 감각과 사고의 경험 안에 갇혀 계시지 않고, 눈동자와 같이 모든 시간을 함께하신다.

7. 올려드림

그러므로 그분의 사랑은 한순간도 점(點)인 적 없는 선(線), 신실함 그 자체이시다. 그러하기에 나는 그 신실함에 잇대어 감히 소망하게 된다. 삶과 기도의 경계가 더 흐릿해지기를! 그래서 이 경험들이 모여 언젠가는 삶이 모두 기도로 젖어 들고, 예수님처럼 일상과 변화산이 다르지 않은 연합의 신비에 나를 초대해 주시기를 말이다.

나는 선(善)이신 하나님이 선(線)으로 함께하시는 그 사랑의 초대에 오늘도 응한다. 그리고 이 사랑의 흐름에 더 많은 이를 초대하고 싶다. 세상이 줄 수 없는 그 은총의 바다에 더 많은 이를 초대하고 싶다. 그것이 내가 영성지도를 공부하는 이유이자, 내가 아직 호흡하는 이유 중 하나이다. 예수님의 그 사랑을 내 영혼에 가득 담아서 더 많이, 더 깊이, 더 넓게 사랑하며 살고 싶다.

당신은 어떠한가? 하나님께서는 당신도 이 은총의 바다로 초대하고 계시지 않은가? 두려워하지 말고 바다 위로 발을 내딛어 보라! 깊은 바다가 반석이 되는 그 놀라운 은총을 경험하게 하시는 주님을 만나게 될 것이다!

하나님의 꿈, 나의 꿈:
영성지도자 과정 설립과 영성훈련

박신향 (호남신학대학교, 영성·상담센터 에이레네)

1. 들어가면서

"신향, 당신의 꿈이 이루어지고 있네요~! 샌프란시스코에서 훈련받을 때 당신이 소원이라 말한 것이 바로 이것 아닌가요?" 나는 영성지도자의 이 말을 들으며 머리를 한 대 얻어맞은 듯한 전율을 느꼈다. 되돌아보면 한 달에 한 번 갖는 개인 영성지도자와의 정기적인 대화 시간은 나의 신앙생활에서 개인 기도와 말씀 묵상 시간 이상으로 가장 중요한 도움이 되어 왔음을 고백하게 된다. 그 시간은 머리로만 인식하고 율법적으로 자신을 컨트롤하는 저급한 신앙생활을 떨치게 하고 내 안의 깊은 곳에서 잠자고 있는 신앙의 불꽃을 점화시켰고, 그 것을 삶과 영성지도 사역에 통합하는 성숙한 생활로 이끌었다. 이러한 변화의 과정은 세 영역으로 나누어 살펴볼 수 있다. 가장 먼저는 내 삶에서 일어난 하나님 이미지의 변화 과정을, 다음은 영성지도자들과의 만남의 여정을, 마지막으로 공동체 영성훈련 사역장에서의 일들을 되짚어 보고자 한다. 나는 가능한 한 가감 없이 내게 이해되어 남아있는 정직한 이야기를 전하고자 한다.

2. 하나님 이미지의 변화

영성지도를 접하기까지 나에게는 하나님의 이미지에 대한 세 번의 변화가 있었다. 먼저, 20세가 될 때까지 내게 하나님의 첫인상은 전능하고 근엄하신 하나님, 거스르지도 못하지만 가까이하기도 어려운 분이셨다. 다음으로, 대략 40대까지의 하나님 이미지는 나의 힘이 되신, 이해할 순 없지만 나를 사랑하시는 아버지 하나님, 완전한 보호자이셨다. 마지막으로, 50대 즈음부터 갖게 된 현재의 하나님 이미지는 내 인생의 인도자요 친근한 동행자이신 나의 주님이시다.

나는 20세가 되기까지 20세기 말의 한국 기독교인 대부분이 그렇듯이 모태 신앙인으로 어렸을 때부터 배우고 훈련해 온 기독교인으로서 믿음으로 살아가는 데 크게 어려움이 없었다. 소위 내가 원하는 것을 살펴보아 내 "소견에 옳은 대로"

기도하고 행하며 응답의 기적과 성취의 기쁨을 맛보았다. 그때까지 나의 하나님은 저 높은 곳에 거하시면서 온 세상을 두루 살피며 힘을 행사하시는 신, 공평하고 의로우신 분이셨다. 이 세상을 통치하고 다스리시는 감히 범접할 수 없는 높고 거룩하신 분이었다. 그리고 나는 어떻게든 전능하신 그분의 눈 밖에 나지 않기를, 아니 그분 마음에 드는 기도로 축복의 응답만을 받기를 여러 모양으로 노력하는 범생이었다. 처음으로 기도가 응답되지 않고 대학의 학문적 도전에 부딪혀 허술한 믿음이 뿌리부터 흔들리기 전까지는 프로이트의 심리적 하나님 대상과 거의 구별되지 않는 하나님 이미지였다. 강하고 위대하고 범접할 수 없는 신의 이미지였다.

생존하시는 하나님, 곧 인격적으로 나와 교류하시는 분으로 하나님을 만나는 것은 역설적이게도 내 믿음이 심리적으로는 살아 있으나 실제로는 죽은 것이란 사실을 직면하는 것으로부터 시작되었다. 대학의 학문적 도전, 특히 프로이트 정신과학의 영향은 내가 그때까지 확신으로 붙들고 있었던 믿음이 허상(illusion)이요, 살아있는 현실이 아니었다는 것을 확인하게 했다. 큰 혼란과 방황, 반항이 꽤 오랜 시간 지속되었고, 결국 모든 것을 부정한 후 그것의 끝에 다다랐다. 거기에서 확실한 한 가지를 직면하고 수용했다. '하나님이 없는 이 세상 삶에서는 아무런 소망을 발견할 수 없다'는 무상함이었다. 전도서의 말씀이 피부에 와닿았다. "모든 것이 헛되고 무가치하며 의미가 없으니 아무것도 소중한 것이 없구나. 사람이 평생 수고하여 얻는 것이 무엇인가? 세대는 왔다가 가지만 세상은 변하는 것이 없구나"(전 1:2-4). 나는 자연스레 죽음을 가까이 두고 생각했고, 그 끝자락에서 내 마음은 '하나님이 없다'는 것을 확인하고 죽고자 하는 의지를 발동시켰다. 그렇게 찾아 본 하나님은 나의 예상을 완전히 뒤엎고 근엄한 당신의 실재를 내게 보이셨다. 나를 놀라게 하시고 전율하게 하시고 당혹스럽게 하신 살아계신 분, 실재하시는 하나님이셨다. 나는 이전에 붙들고 느꼈던 희미한 빛과는 다른 부류의 빛을 보았고 믿었다. 이전의 믿음은 프로이트가 저격할 만한 내가 스스로 붙든 가짜였지만 지금 내 앞에 펼쳐진 하나님은 내가 어쩌지 못하는 실재이시다. 그 일은 내게 변할 수 없는 분명한 지식을 남겼다. '하나님은 살아계신다. 기독교는 종교가 아니다. 진리이다.' 이 지식은 내 존재의 기초가 되었고 전적으로 변화된 삶을 이끌어냈다. 이블린 언더힐의 언어로 "깨어남(Awakening)"이 아닐까 싶다(Underhill, 131-146).

최근까지 하나님이 이끄신 내 삶과 사역 속에서 실재하시는 하나님은 친밀하게 동행하시는 하나님으로 경험된다. 실재하시는 하나님을 대면한 이후 내게는 두 가지 분명한 변화가 일어났다. 하나는, 저 멀리에만 계신 듯이 여겨 왔던 하나님이 살아계시고 지금 여기서 나에게 관심을 갖고 말씀하시는 분임을 믿고 기대하게 되었다는 것이다. 하루도 빠짐없이 이 친밀한 메시지를 듣고자 귀기울이는 삶을 소망하며 애쓰게 되었다. 다른 하나는, 이전에는 별로 눈에 띄지 않았던 세상의 도전이 더 구체적이고 강하게 다가왔다는 것이다. 그리스도인답게 살아가고자 하는 나를 테스트라도 하듯이 어려움과 고난이 따라왔다. '정화(Purgation)'의 과정일까? 아픔을 고백하고 고생을 말할수록 주님의 위로는 더 깊고 크게 다가왔다. 이 두 가지, 즉 하나님에 대한 이해와 삶 속에서 오는 도전은 나로 하여금 그분을 더 사랑하고 더 사랑하고 싶다고 고백하게 했다. 이전에는 홀로 떨어져 감당하던 일들이 지금은 함께하고 계심을 알기 때문일까? 그렇다고 늘 주님의 친밀함을 경험하는 것은 아니다. 부재의 경험들, 멀리 계시고 아무런 도움도 주실 것 같지 않고 상관도 않으시는 것처럼 느낄 때도 많다. 그럼에도 이전과는 달라진 것이 분명히 있다. 느껴지지 않고 경험할 수 없다는 사실이 하나님의 부재를 의미하는 것은 아니라는 것. 오히려 나보다 나를 더 잘 아시는 분이시니, 내가 감당할 만한 일이라 바라보고만 계신다는 믿

끝도 없는 믿음이 내 안에 있음을 느낀다. 이러한 믿음과 경험 속에 있는 내게 영성지도는 삶의 필수 요소, 곧 기도와 호흡이라 생각한다.

3. 영성지도 사역과의 만남

영성지도는 우리로 하여금 "하나님께 귀를 기울이고, 하나님을 뵙고, 하나님께 응답하도록 돕는" 영성훈련의 하나이다(Bakke, 22-23). 유진 피터슨의 말을 빌리면, 영성지도는 "하나님이 한 개인의 삶에서 행하시는 일에 온전히 주의를 집중하여 믿음 안에서 반응할 수 있도록 돕는 약속 있는 만남"이다(Bakke, 21). 그래서 영성지도는 하나님께 관심을 기울이는 행위이며 다른 사람이 하나님께 주목할 수 있도록 이끌어주는 행위이며, 그 사람 안에서, 그리고 그 사람이 처한 상황 속에서 하나님이 어떤 모습으로 역사하고 계시는지 주목하는 행위이다(Thompson, 167).

영성지도에 대한 이러한 이해에 기초해서 볼 때 내 삶에서 만난 영성지도의 시작은 나의 개인적인 기도 공간에서 일어났다. 엄밀히 말해서 내가 영성지도를 처음 접하게 된 것은 나의 주님과 홀로 있는 시간을 통해서라 말할 수 있기 때문이다. 생존하시는 하나님, 나 개인에게 지극한 관심을 표명해 오시는 하나님은 나의 기도와 큐티 시간을 영성지도 시간으로 변화시키셨다. 나는 한 줄의 성경을 읽으면서도 그 속에 나 개인을 향한 하나님의 숨겨진 메시지가 있다고 믿으며 그것을 집요하게 찾았다. 그것이 나를 꾸짖는 말씀이라 하더라도 기쁘게 찾기 원했다. 그런 내게 주님은 정말 신기하리만큼 말씀으로 나를 지도하시고 인도하셨다. 마치 숨겨진 비밀 편지를 읽는 듯했다. 그럼으로써 나는 진짜 영성지도자이신 성령의 지도, 곧 영성지도를 그것이 무엇인지 알지도 못한 채 받은 것이다.

영성지도자가 이끄는 영성지도를 만난 것은 삶의 정황 속에 떠밀려 온 샌프란시스코에서였다. 그것은 전적으로 하나님의 섭리였다. 영성지도라는 돌봄이 기독교 전통 속에 이미 존재해 왔다는 사실을 그 이전에 한 번도 들은 적이 없었고 찾을 수도 없었기에 영성지도라는 용어를 듣게 된 것은 전적으로 하나님의 은총이었다. 다만 기도 시간에 주님께서 내게 하시는 것처럼 다른 사람을 도울 수 있는 방법을 배우고 싶다고 기도했을 뿐이었다. 지금 돌이켜보면, 그 기도 또한 내 의지로 시작한 것이 아니고 주님께서 내게 심으신 꿈이었다.

종교와 심리학을 공부할 때 나의 지도 교수님이셨던 루이스 람보(Lewis R. Rambo) 교수님을 만났다. 막연하게 내가 찾는 것이 목회상담이란 생각을 갖고 만나게 된 분이다. 그분을 통해 "spiritual direction"이란 용어를 처음 알게 되었다. 나의 과제를 보고 내게 하신 코멘트에서 그 용어를 처음 들었을 때, 나는 흥분으로 심장이 뛰는 것을 느꼈다. 원래 미루기를 잘하는 나의 고질적인 성격은 어디로 가 버렸는지, 한달음에 담당자를 찾아갔다. 당시 담당 디렉터였던 레베카 랭거(Rebecca B. Langer) 교수님이 영성지도가 무엇인지 설명해 주신 그 순간은 잊을 수가 없다. 아직 많이 서툰 영어였음에도 그때 들은 설명은 해석이 필요 없었다. 머리를 거치지 않고 곧장 가슴에 꽂혀 버렸다고나 할까? 무엇을 말하는지 곧장 이해되었고 바로 그것이 내가 세상에 있는 줄도 모르고 찾고 찾던 것임을 알았다. 망설이거나 고민할 필요도 없었다. 나는 곧바로 영성지도자가 되기 위해 공식적인 영성지도를 받기 시작했다.

4. 영성지도자와의 만남

나의 영성지도 경험은 어느새 20년이 되었다. 그간 하나님은 세 명의 영성지도자를 통해 나의 개인적인 하나님과의 만남의 질을 곤고히 하셨다. 나의 첫 번째 영성지도자와의 만남은 두 명의 영성지도자를 거쳐 다소 어렵게 이루어졌다. 영성지도가 무엇인지 알려준 레베카는 내게 영성지도자를 찾기 위한 중요한 조언 한 가지를 해 주었다. 나는 "기도하면서 하나님이 이끌어 주시는 영성지도자를 분별하며 찾으라"는 그녀의 조언을 그대로 실천에 옮겼다. 처음 만난 영성지도자는 영성지도에 있어서 베테랑이었지만 지금 나의 마음을 잘 알아차리지 못한다고 느꼈기에 정중히 거절했다. 그리고 다음 영성지도자는 자신이 학생지도자여서 부적절하다며 다른 영성지도자를 찾도록 안내해 주었다. 그리고 그녀의 주선으로 소개받은 영성지도자와 나는 첫 영성지도 관계를 가졌다. 그렇게 만난 올리버(Oliver)는 나와 비슷한 이력을 가진 간호사 출신의 목회 상담가이자 여성 목사였다. 그녀는 따뜻하면서도 이성적이고 합리적인 사고의 소유자였고 당시의 나에게 꼭 필요했던 신뢰를 주었다.

그 신뢰는 홀로 있을 때만 솔직해질 수 있었던 나의 내면의 정서, 느낌, 생각을 조심스레 나누도록 이끌었다. 그러나 곧 조심스러웠던 나의 태도는 용감함으로 변화되었다. 내 안에 억압되었던 에너지가 과감하다고 느낄 만큼 강하게 터져 나왔고, 단지 해방감과 카타르시스를 경험하는 데서 멈추지 않았다. 그것이 보잘것없다 여기는 인간인 내 안에 있었기 때문에 부정하고 억눌렀던 하나님의 흔적에 비로소 마땅한 태도를 가지게 되었다. 스스로 합당하게 존중하고 귀 기울였고 그것에 대한 깨끗하고 순전한 나 자신의 반응을 찾도록 안내받았다. 나는 그녀의 섬김 안에서 중요하고 의미 있는 움직임들을 찾고 발견했다. 놀람, 감격, 편안함, 위로, 연대감 등을 깊게 경험했다.

한마디로 말해서 이 영성지도자와의 만남은 나의 모든 삶에 존재했지만 대부분 무시했던 하나님의 현존을 비추는 마음의 불을 밝혔다. 그때부터 나는 설거지를 하면서도, 수업 중에도, 아이들의 등하교 등을 위한 운전을 하면서도, 홀로 차 안에서 찬양을 들으면서도, 결국 거의 모든 시간에 하나님을 의식하게 되었다. 그리고 그분을 더 알아가고 나를 어떻게 다듬어 가시는지 가늠하며 느끼게 되었다. 올리버와의 만남은 그녀가 안수를 받은 후 새로운 사역지로 이사를 가면서 2년여 만에 자연스레 종료되었다.

나의 두 번째 영성지도자는 한국계 미국인으로 한국어를 하는 나보다 제법 연상인 여성 성직자였다. 그녀의 영성지도는 내가 학업을 마치고 타지역으로 이사하기 전까지 5년 정도 이어졌다. 나는 그녀와의 만남을 통해서 또 다른 해방을 맛보았다. 그녀가 소유한 은사, 특히 여성으로서 갖고 있는 내면의 힘과 자유는 나도 모르게 스스로를 구속하고 억압하고 있었던 내면의 여러 목소리를 효과적으로 도전하고 흔들어 해방시켰다. 때로는 엄마처럼 무조건적으로 내 편인 듯한 안정감을 주기도 했다. 나의 기본적인 성향과는 사뭇 다르지만 당시 나에게는 그러한 도전적 접근이 꼭 필요했다. 한국의 가부장적 문화와 현숙한 여성이라는 우상적 이미지에 뿌리를 두고 하나님의 뜻으로 가장한 수많은 목소리에 눌려 제대로 소리 한번 내지 못하던 내면의 목소리에 조심스럽게 에너지를 제공해 보게 되었고, 다른 누구의 의지가 아니라 나 자신이 책임감 있는 선택을 할 수 있게 되었다.

나의 현재 영성지도자는 아시안계 미국인 여성 목사이다. 그녀는 직감이 발달했고 영성지도 중에 종종 창의적인 놀이 방식을 시도하기도 한다. 그렇지만 언제나 나의 의사를 조심스럽게 타진하고 존중하기를 잊지 않는다. 그녀와의 세션 속에서 나는 아무것도 아닌 게 아니라 하나님이 주목하시는 딸이고 사랑받는 종이고 진실로 그리스도로 인해 연결된 동료이다. 세션 때 나는 종종 깊은 통찰을 얻기도 한다. 그러나 무엇보다 감사한 것은 그녀의 안내를 따라 그녀 곁에서 하나님을 대면하려는 기도의 공간을 편안하게 즐길 수 있다는 점이다. 홀로 기도할 때는 견디기 힘들어 쉽게 포기하고 일어났는데 세션 중에는 그녀의 지지로 말미암아 좀 더 고요하게 집중할 수 있다. 그 집중과 고요는 내 안에 희미한 성령의 움직임을 알아차릴 수 있게 한다. 지금까지 많은 일이 있었지만, 잊을 수 없는 사건이 있다. 아래는 내가 기억하는 그녀와의 영성지도 세션 대화 중 한 부분이다.

나: (새로 옮겨온 사역지에서 몇 개월 동안 지내며 받은 인상은 냉랭함, 무시당하는 느낌, 합당하게 존중받지 못하는 느낌이다. 이것을 가지고 기도할 때 올라온 이미지를 가지고 갔다. 새로운 공동체를 떠올리면 마치 커다랗고 무거운 철문 밖으로 쫓겨난 채 도무지 열리지 않을 것같이 굳건하고 어둡게 닫힌 문 앞에 있는 내 모습이 떠오른다는 이야기를 나눈 후) "저는 분명 주님의 인도하심을 믿어요. 하지만 이곳에 계속 있어야 할지 확신할 수가 없어요. 나를 환영하지 않는 곳에 있고 싶지 않은 마음이 계속 저를 괴롭힙니다. 그리고 이곳에는 제가 사랑하는 주님이 안 계신 것 같아요. 주님의 흔적을 찾으려 노력하지만 도저히 찾을 수가 없습니다. 무엇보다 바로 이점이 너무 견디기 어렵고 화가 납니다."

지도자: "주님의 흔적을 찾을 수 없었다고요? 화도 나고요. 그럼 지금 다시 한번 주님을 찾아보시는 건 어떨까요?"

나: "지금 말이에요? 이 공동체에서요?"

지도자: "네, 제가 당신의 기도 공간을 붙들고 있겠습니다. 다시 한번 주님을 찾아보세요."

나: "네." (반신반의하면서도 지도자를 신뢰하며 마음을 열고 침묵으로 들어갔다. 마지막으로 보았던 이미지 안으로 들어가 섰다. 홀로 '주님, 어디계신가요? 당신이 어디 계신지 제게 보여주세요'라고 간구하면서 내 마음에서 무엇이 일어나는지 주의를 기울였다. 먼저 철벽 같은 대문 이미지가 아주 차갑고 둔중하게 느껴졌다. 나는 다시 한번 의지를 발동해서 그 안을 마음의 눈으로 두루 살폈다. 그렇지만 주님의 흔적으로 보이는 것을 찾을 수 없었다. 나는 실망했지만 포기하지 않고 다시 어두운 철문 앞에 홀로 섰다. 그 순간! 내 오른편에서 흰옷을 입은 누군가가 느껴졌다. 나는 그분이 주님이라는 것을 단번에 알아차렸다. 그분은 나를 보지 않고 굳게 닫힌 대문을 향해 서 계셨다. 순식간에 나는 충격을 받았다. 그분은 나처럼 불쾌해하지도 언짢아하지도 않으셨다. 모든 것을 다 이해하는 듯이 언제까지고 기다릴 태세셨다. 그렇게 자신을 박대하는 공동체가 그 문을 열어 당신을 환영할 때까지 미동도 않고 그 자리에 서서 기다리실 것이란 메시지가 온몸에 전달되었다. 그 순간 가슴에서 다음과 같은 고백이 일어나며 뜨거운 눈물이 흘렀다. '주님이 여기 계신데 제가 어디 가겠습니까?' 나의 고집스런 잣대와 자아가 무너져 내렸다. 그리고 한참을 기다렸을 내 영성지도자에게 눈을 뜨고 일어난 일을 말했다.)

"'주님이 여기 계신데 제가 어디 가겠습니까?' 하고 말씀드리는 순간, 내 안에 고집스레 서 있던 아집의 장벽이 무너지는 것을 느꼈습니다. 그 느낌은 아프면서도 시원했습니다. 아마도 회개와 경외심인 것 같아요. 지금도 계속 눈물이 나네요…."

이 경험, 이 장면은 내가 가는 사역지의 공동체가 어려울 때마다 내게 큰 지침이 되는 영적 현실이 되었다. 그것은 이전에 오랜 기간 눌려있었던 데서 세워주셨었던 나의 자아가 참된 자유를 경험한 순간이었다. 아직 미성숙한 모습의 나의 중심이 온전하신 주님의 모습 앞에서 자아라는 단단한 껍질을 부수고 참된 헌신을 열망하는 자기를 내어놓는 순간이었다랄까. 그 뒤로 나는 여전히 나의 자아의 껍질들이 있지만 주님을 사랑하는 마음을 솟게 하는 참 자기의 열망에 단연코 귀 기울이게 되었다.

또 한 번은 지금의 '영성·상담센터 에이레네'가 시작될 때의 일이다. 함께하려던 개척 멤버 중 가장 중요한 역할을 할 사람이 그만두고 그 빈자리를 담당할 사람을 구하지 못하고 있을 때였다. 나는 어쩔 수 없이 무언가를 책임져야만 하는 상황에 몰렸다. 센터를 가동시키기 위해 내가 하고 싶은 일, 내가 해도 되는 일은 딱 한 가지였다. 나는 그것이 영성지도자 과정이라고 직감적으로 알아차렸다. 하지만 내 존재는 그

것을 위해 전혀 준비되지 않은 것 같았다. '할 수 있다'는 자신감도 없었고 아직은 아니라고 마냥 미루고 싶었다. 나는 이 이슈를 나의 영성지도자에게 가지고 갔다. 다음은 그녀와의 대화 중 일부이다.

나: "센터는 리모델링까지 끝났고 당회에서는 이 일을 위해 상당한 금액을 투자한 상황입니다. 그 공간을 의미 있게 하려면 뭐라도 시작해야 하는데, 제가 생각할 수 있는 거라곤 영성지도자 과정뿐입니다. 그래서 그 일을 막상 하려고 마음먹으면 끝도 없이 두렵고 '이 일을 지금 내가 하는 것이 맞나' 하고 불안하기만 합니다."

(이전에 내가 찾던 것이 이미 갖춰져서 세상과 다른 사람들이 인정할 만한 권위를 가진 분 중 한 분 아래서 작은 도움을 드리는 것으로 그간의 훈련과 지식을 사용하려 했던 것이 나의 이전 생각이었다. 그러나 그것도 아직은 어려운 환경이라는 사실을 확인했다. 오히려 내가 찾아갔던 두 분의 입에서 들었던 말, "어쩌면 교회 현장에서 시작하는 것이 더 빠를 수도 있습니다." "그렇게 되면 도와주실 수는 있나요?"라고 묻는 나의 질문에 "Yes"라는 답을 받았지만 '그럴 날이 언제 오겠어?' 하며 힘이 빠져서 되돌아온 일도 말했다.)

지도자: (그녀는 가만히 듣고 있다가 내 말이 끝나자 말했다.) "신형,

그건 당신의 꿈이 아닌가요?"

나: (나는 놀라서 되물었다.) "그게 내 꿈이라고요? 어떻게 그렇게 생각하세요?"

지도자: (그녀는 조용하지만 분명한 어조로 증언했다.) "그래요! 영성지도자 과정에서 겨울 집중훈련 때 있었던 마지막 평가를 기억하시지요? 나는 당신의 평가지 기록을 기억해요. 거기에는 당신이 한국인을 위한 영성지도자 과정을 개척하고 싶은 열망이 있다고 분별한 기록이 있었지요."

그제서야 나는 내가 그렇게 기록하고 기도했었다는 사실을 기억해 냈다. 영성지도를 마치고 곧장 서재로 달려갔다. 보관했던 서류들을 꺼내어 3년간의 훈련 과정 평가서를 모두 찾아 보았다. 거기에는 마지막 해뿐만이 아니라, 첫해부터 3년 내내 나의 소명을 기록하는 란에 "주님, 허락하시면 제가 한국인 영성지도자 과정을 개척하길 원합니다. 이 귀한 은혜를 한국인 그리스도인들에게도 주시길 원합니다"라고 쓰여 있었다. 왜 그랬는지, 언제부터였는지 모르지만 나는 누군가가 앞장서면 뒤에서 이름 없이 빛 없이 이 일이 이루어지는 것을 보고 싶다고만 생각하고 있었다. 그 일에 앞장서는 일꾼이 내가 되는 것, 주인공의 자리에 서는 것은 상상도 엄두도 못내고 있었다. 아마도 나의 성격의 한계와 약점이었을 것이다.

전율이 느껴졌다. 깊은 열망과 함께 감격의 눈물이 흘렀다. 그 자리에 무릎 꿇고 하나님이 원하시면 그 뜻대로 순종하겠다고 고백하며 뜨거운 눈물을 흘렸다. 내가 잊고 잊었던 기도를 기억하시고 이루어가시는 하나님의 신실하심과 나의 의도와 생각을 초월해 일하시는 하나님의 경륜을 찬미했다.

그렇게 분별을 마쳤지만 현실에서 접하는 에이레네 사역은 모든 것이 처음이라 스트레스도 많았고 어려움도 크게 느껴졌다. 매 걸음마다 '거절하면 어떡하지, 사람들이 안 오면 어떡하지, 실수하면 어쩌지, 다 잘못되면 어떻게 하지' 하는 두려움을 떨칠 수 없었다. 이러한 현실은 고스란히 내 앞에 있었다. 그러나 분명하게 달라진 것 한 가지가 있었다. 그 일은 하나님이 원하시는 일, 주님께서 내게 심으신 꿈이기에 나의 두려움 때문에 멈추어질 수 없다는 신념이 생긴 것이다. 나에게 심으신 하나님의 꿈은 조금씩 실현되었다. "하나님의 열심(zeal)"이 이를 이루셨고 앞으로도 이루실 것이라 믿는다.

이렇게 그녀와의 만남은 나의 영적 형성과 소명의 사역을 위해 크고 작은 은총을 낳으며 지금까지 10년이 넘는 세월을 이어왔다.

5. 영성훈련 공동체

흔히 영성지도는 가장 작은 단위의 기독교 공동체라고 말한다. 거기에는 언제나 하나님의 현존과 활동이 우선적 관심이 된다. 그곳에서는 하나님께서 인간인 우리와 함께하신다. 그것이 기독교 공동체의 핵심이고 정체성이자 공동체의 활력이다. 소그룹 공동체 훈련은 그 기초를 잘 인식하고 안내받으면 일대일보다 훨씬 더 큰 선한 역동을 경험할 수 있다.

그룹 영성지도, 곧 영성지도 공동체에 참여하는 것은 공동체가 만드는 거룩한 공간의 일부로 봉사하는 동시에 그 공간의 수혜자로써 경험을 갖게 한다. 거기서 개인은 두 가지 면에서 유익을 얻는다.

첫째는 자기 안에 숨겨졌던 거룩한 공간, 즉 성소(holy ground)를 점점 뚜렷이 접촉하게 된다. 영적 공동체를 찾는 많은 이가 대체로 삶 속에서 이러한 숨 쉴 공간을 찾아온다. 갈급함과 뭔가 자신이 잘못된 것인지 알고 싶은 마음을 갖고 있다. 머리로 혹은 신념으로는 늘 함께하고 계신 줄은 알지만 아직 부족한 것, 자신의 가슴과 존재로서 그 하나님을 보다 깊게 만나는 은총을 기대하는 마음을 고백한다. 나는 지난 기초 영성훈련 프로그램에서 분명하게 알게 되었다. 개개인의 이러한 갈망에서 비롯된 하나님과의 인격적 교류는 홀로 기도할 때만 채워지는 것이 아니란 사실이다.

둘째는, 하나님을 어떻게 만나는지, 기도는 어떻게 가능한지 모르는 이들까지도 하나님을 향하여 나아갈 수 있도록 안내하고 돕는 성품과 역량을 배우게 된다. 그리스도인의 경청의 원형, 하나님이 자기 백성을 듣는 방식이자 우리가 하나님을 듣는 방식인 관상적 경청(contemplative listening)은 경청을 받는 사람과 경청하는 사람 양자 모두에게, 그리고 그 가운데서 바라보며 참여하는 모두에게 하나님의 현존에 가까이 나아가게 하는 은혜가 있다. 어떻게 기도하는지 잘 모르는 이조차 그러한 경청 속에 가슴을 열고 나아가 하나님과의 만남을 시도하고 분별할 수 있게 된다. 공동체 안에서 인격적 만남이 무엇인지 다른 사람을 통해 체험하고 그들의 사랑 어린 경청을 통해 굳어진 가슴이 부드럽게 열리곤 하기 때문이 아닐까 한다.

올해로 10년이 훌쩍 넘은 영성훈련 수업은 과정에 참여했던 이들이 남기는 고백을 통해 매번 이 사실을 증언해준다. 영성훈련 공동체에는 수회기를 거듭 참여하는 몇몇부터, 영성훈련이라고는 처음 참여하는 이들까지 고루 섞여 있다. 나는 참여자의 수준이 따로 있다고 생각하지 않는다. 아빌라의 데레사(St. Teresa of Avila)의 말처럼 "우리는 모두 기도에 있어서 초보자"인 것처럼 나아갈 필요가 있다. 해서 매번 3-4회기의 이론 강좌를 통해 기초를 이해하고, 이어지는 6-7회기의 소그룹 나눔을 통해 기도어린/관상적 경청을 훈련한다. 하나님은 10년이 넘도록 한 번도 우리를 실망시키신 적이 없으시다. 아니, 우리가 알지 못한 개개인의 필요까지 채우신다. 다음은 이 훈련을 마무리하는 어느 종강 모임에서 참여자들이 한두 마디씩 나눈 소감이다.

하나님을 귀로 듣기만 했는데, 눈으로 뵌 것 같습니다. 변화가 무엇인지 알았습니다. 막연했던 하나님이 제게 구체적으로 어떻게 함께하시는지, 또 그 하나님이 나를 얼마나 사랑하고 기대하시는지 이제 어렴풋하게나마 알게 되었습니다.

누군가 나의 이야기를 이렇게 깊이 존중하며 귀 기울여준다는 것 자체만으로도 깊은 감동과 사랑받는 경험이었습니다.

새로운 눈을 뜨게 해 주신 것 같아요. 눌림을 가지고 이곳에 왔는데, 눌림이 아니라 누림을 가지고 돌아가게 되네요. 동그란 반지를 떠올리게 됩니다. 반지는 속이 텅 비어 있지요. 나를 비우고 거리를 유지하는 법을 배웠습니다. 또 반지는 서로 연결되어 원을 그리지요. 서로 하나로 연결됨을 경험했습니다. 마지막으로 반지는 약속을 뜻하지요. 이 시간은 하나님이 제게 약속하신 것에 대한 응답 같았습니다.

꿈꾸는 시간 같았어요. 이런 모임이 세상에 없잖아요? 성령의 일하심을 경험하는 시간이었습니다.

초점인물에게 오롯이 귀 기울여 집중하고 가까이 느끼고자 노력했는데, 그분에게 진짜 도움이 된 것 같아 기뻤습니다.

'품'을 찾은 것 같아요. 그 안에서 모든 짐을 내려놓고 자유한 내 모습을 만났습니다. 모든 게 새롭고 신선하고 무엇보다 기도생활의 또 다른 방법을 경험으로 배운 것 같아요. 친밀하게 주님을 알고 싶어요. '아, 이거구나!' 하고 주님이 가까이 계신 것처럼 느끼고, 보다 선명해지는 느낌이랄까. 이제까지 저는 제 생각 안에 주님을 가두어 두었던 것 같아요. 이젠 '주님을 느끼고 모든 것을 열어 놓고 전인격적으로 주님을 알아야겠구나' 하고 느끼게 되었어요. 그리고 그 속에서 나도 몰랐던 저 자신을 알게 되었어요.

주님과 강한 밧줄로 연결된 느낌입니다. 소그룹을 경험하면서 '괄호묶기' 개념을 배우게 되었습니다. 멈춤과 돌려줌을 분별하고 그것이 나에게 유익한 것인지 상대방에게 유익한 것인지 생각하는 소중함을 배웠습니다. 또 스스로 묵상을 하고 있다고 생각했는데, 이곳에서 깊은 경험을 하면서 '좀 더 깊이 묵상 훈련을 하는 게 필요하구나'라고 생각했습니다. 사랑의 메신저 역할을 하는 그룹원들에게 둘러싸여 오롯이 사랑과 집중을 받는 신생아가 된 느낌을 기억하며 감사드리고 싶어요.

주님을 만나는 여정이라 생각하고 참여했는데 주님이 벌써 나와 동행하고 계셨다는 것을 느꼈어요. 주 바라기에서 이제 주님과 함께 동산 같은 곳에서 나란히 앉아 아래를 바라보는 이미지를 갖게 되었어요. 또 말씀을 묵상할 때 잡생각이 많다는 것을 알게 되어 '훈련이 필요하구나' 하고 느꼈어요.

저는 큰 깨달음을 얻었습니다. 그것이 판단인 줄 몰랐던 저의 언어를 알게 되었습니다. '아, 주님의 눈이 아니었구나!' 성화 묵상 때 제가 이미지를 어려워한다는 것을 알아차렸는데 그게 생각이 너무 많은 게 이유란 걸 알았습니다…. 소그룹 경

힘을 하면서 서로 화합하며 서 있는 모습을 상상하게 됩니다. 하나님의 가족사진을 보는 듯합니다. 마음을 넓혀 주시고 사랑의 마음과 시선을 주셨습니다.

시작할 때와 정말 느낌이 크게 달라졌습니다. 제가 지금 있는 사역지로 옮겨온 지 6년이 되었거든요. 그간 많이 지쳐 있었는데 위로가 필요했던 것 같습니다. 한 학기 훈련을 마치는 지금은 시작 때와 달리 다 벗고 하나님 앞에서 쉬고 하나님이 나를 섬겨주신 것 같아요. 신선한 과일 바구니를 받아먹은 것처럼 리프레쉬 된 것 같습니다.

진짜 주님의 현존이 가깝게 느껴진 시간이었습니다. 형제 안에 그리스도를 만나는 시간이 되었고, 그를 통해서 하나님을 향한 큰 갈망을 가지신 것을 보며 단지 어려움뿐만 아니라 자신의 한계까지도 주님이 사용하시는 것을 본 것 같습니다. 덕분에 무뎌지고 갈함이 없었던 제게 주님이 친밀하신 모습으로 느껴졌습니다.

늘 마리아와 마르다 사이에서 균형을 찾도록 도전받고 있었는데, 무엇보다 나 자신을 세세히 볼 수 있는 시간이었습니다.

저마다의 고백을 들으면서 나는 학기마다 이루어지는 훈련의 소중한 역동들을 다시 한번 확신하게 된다. 영성훈련, 기도가 잘 정향화된 소그룹 훈련이라면 그 진행 과정 중에, 특히 기도 충만한 경청 공동체로 형성되어 가는 소그룹 훈련 시간에 신기할 만큼 각양의 은총이 내린다는 것이다. 언제나 하나님은 그 개인의 삶 속에 이미 함께하고 계신다. 다만 우리의 어두운 감각이 이를 알아차리지 못할 뿐이다. 그런 하나님의 현존이 신기하게도 주의 이름으로 모이는 그 모임 안에서 개인의 필요대로 자신을 드러내신다. 소그룹 공동체 안에서는 홀로 하는 기도에 익숙한 이도, 기도에 어색한 이도 모두 함께 주를 뵙는다. 나는 종종 공동체가 함께 기도하는 것, 곧 '함께하는 기도'를 경험하는 것이라 말하곤 한다.

이미 형성된 공동체가 아니라 그것을 지향하며 훈련하는 것만으로 이 같은 은혜를 매번 만난다. 이렇게 일어나는 역동과 은혜를 크게 세 가지로 나누어 말할 수 있다.

1) 인식의 자라감: 자신의 경험을 나누며 스스로의 내면에서 일어나는 일들을 알아차리고 느끼고 음미하며 하나님과 자신을 체험을 통해 알게 된다.
2) 공동체 형성과 그것의 경험: 전혀 낯설었던 이들이지만

그리스도를 중심으로 진정성 있고 건강한 나눔을 연습함으로써 공감과 연대를 경험한다.
3) 그리스도인 경청 능력의 형성: 그러한 공동체를 형성하도록 자신을 비우고 사랑 어린 경청으로 형제를 섬기는 능력이 발견되고 자라가는 경험을 한다.

그리스도의 공동체를 짧은 시간이지만 원형에 가깝게 경험함으로써 성령의 하나 되게 하시는 역사가 어떻게 이루어지는지 그 길을 경험으로 배운다. 그리고 홀로의 연약함을 보완하여 함께 깊은 사랑의 관상으로 나아감을 경험한다. 그리고 하나님이 접촉되는 순간 우리 영혼의 문제는 어떤 모양으로든 해갈을 얻는다.

이 모든 것은 어떤 하나가 완성된 후에 다른 것이 이어지는 순차적 현상이라기보다, 어느 한 가지 노력으로부터 시작되기는 하지만 그것이 완전하지 않더라도 연쇄적으로 다른 것에 영향을 주고받는 방식으로 신비롭게 서로 연결되어 발전하고 깊어지는 경험이다. 모든 영성의 길과 마찬가지로 나선형의 발전과정, 즉 오르내리면서 제자리인 듯 하나 한 단계가 고루 나아가는 점진적으로 발전하는 진행과정이다.

6. 나오면서

오늘날 한국교회뿐 아니라 세계 교회가 그 영향력을 잃어 가고 있다. 여기저기서 교회의 영적 위로나 힘을 제공하는 데 실패한 데서 오는 불평을 접하곤 한다. 온 피조세계가 그야말로 "하나님의 아들들의 나타나는 것"을 갈망하고 있다(롬 8:19). 단지 사회나 국가 차원뿐 아니라 그 근간이 되는 문제로 개개인의 그리스도인 됨의 능력과 도덕성의 무너짐을 더더욱 긴급한 문제로 인식한다. 교회는 하나님의 영광을 드러내는 공동체로 회복되는 일을 더 이상 미루어서는 안 될 것이다. 이런 맥락에서 조직교회 안팎에서 영성에 대한 관심이 고조되고 있다는 사실은 고무적이다. 우리가 의식하지 못하는 중에도 현대인들은 본능적으로 살 길을 찾는 것이다.

이렇게 영성에 대한 바르고 효과적인 안내가 절실한 정황 속에서 이 짧은 졸고가 조금이나마 도움이 되기를 바라는 마음이다. 한 개인의 이야기가 얼마나 많은 이에게 공감과 적합한 안내를 제공할 수 있을까 하는 회의도 없지 않다. 그럼에도 아직 영성지도가 무엇인지, 그 관계 안에서 개인에게, 또 공동체에 어떤 일이 일어나는지 궁금해하는 이들이 많아지고 있다. 영성사역의 언저리에 있으면서 머뭇거리는 소중한 영혼에게 올바른 기대와 함께 도전하고 시도하고자 하는 용기를 줄 수 있길 기대한다. 다른 한편으로는 영성지도나 영성훈련에서 소망을 엿보며 구체적인 길을 찾는 분들이 그 경험의 세계에 대한 실질적인 이야기로 함께 격려 받기를, 그래서 오늘도 지속되는 주님의 영혼을 향한 갈망과 사랑이 개개인에게 발견되고 가깝게 느껴지기를 바란다. 그리하여 궁극적으로 개개인의 삶이 '참 그리스도인의 능력'을 회복하기를 가슴 깊이 소원한다. 그렇게 참된 영적 부흥으로 개인과 공동체, 나아가 이 땅이, 그리스도께서 뜻하시고 역사하시는 대로 '진정한 회복'의 길로 돌이킬 수 있길 간절히 기도한다!

나의 영성지도 이야기

조한상 (호남신학대학교)

1. 들어가는 말

짧은 인생을 살아본 결과, 인생은 참으로 힘들고 어렵고 고통스럽다. 물론 그 과정에서 기쁨과 즐거움도 있다. 따라서 필자가 생각하기에 우리 인생은 기쁨과 고통, 이 두 가지가 교차한다고 본다. 목회의 여정도 이와 유사하다. 잃어버린 영혼이 구원받아 새 생명을 얻으며 주님 안에서 성장해 가는 것을 보면 보람과 더불어 기쁨을 느낀다. 하지만 교회 내에서 갈등과 상처로 낙담하고 좌절하고 절망하는 경우가 종종 있다. 최근 필자는 동료 목회자들을 만나서 담소를 나눈 적이 있다. 이들은 이제 중견 목회자가 되어서 각자의 사역 현장에서 크고 작은 교회를 맡아 담임목사로서 사역을 하고 있었다. 그런

데 이들 중에서 본인의 사역과 목회가 행복하다고 생각하는 경우는 극히 적은 숫자에 불과하다는 것을 발견하였다. 이처럼 한국교회 목회 현장은 만만치가 않다. 그러다 보니 목회자이건 평신도이건 상관없이 세상에 살아가면서 넘어지기 쉽고 상처받기 쉬운 것이 우리 삶의 여정인 것 같다. 그래서 정호승 시인은 '풀잎에도 상처가 있다'라는 시를 통하여 현대를 살아가고 있는 많은 이에게 감동을 주었다.

> 꽃잎에도 상처가 있다.
> 너와 함께 걸었던 들길을 걸으면
> 들길에 앉아 저녁놀을 바라보면
> 상처 많은 풀잎들이 손을 흔든다.
> 상처 많은 꽃잎들이
> 가장 향기롭다.

우리가 살아가는 삶은 무거운 짐을 짊어지고 하루하루 걸어가고 있는 천로역정(Pilgrim's Progress)의 주인공 크리스천(Christian)과 같다. 그러한 삶을 살아가는 우리에게 "괜찮아, 잘하고 있어. 다 사느라고 그랬는걸" 이러한 한마디는 위로와 용기를 준다. 매번 이러한 긍정의 에너지를 받고 산다면 비록 각자 삶의 자리가 어렵고 힘들고 좌절과 절망의 상황이라도 이를 이겨내고 묵묵히 그 길을 걸어갈 수 있을 것 같다. 그래서 헨리 나우웬(Henri Jozef Machiel Nouwen)은 이러한 인생길을 걷고 있는 우리 각 사람과 사역자를 향하여 '상처 입은 치유자(Wounded Healer)'라고 하지 않았던가? 우리는 모두 누구나 한 번도 가보지 못한 길을 걸어가는 순례자이다. 순례자에게 필요한 것은 지친 몸을 쉴 수 있는 안식처와 따뜻한 음식, 그리고 환대이다. 이처럼 편히 쉴 곳과 따뜻한 음식, 그리고 환대는 지치고 낙망한 현대인들에게 다시 일어서게 하는 힘을 제공해 준다. 그렇다면 이러한 안식처는 어디일까? 필자는 교회가 바로 그러한 곳이라고 본다. 교회에서 그리스도인들은 안식과 음식과 환대를 받으며 영적인 공급을 받아야 한다. 이에 더하여 교회는 영적인 동반자를 만나는 장소이다. 목적지인 천성을 향하여 가는 길에 잠시 쉬고 머물러 격려 받고 위로받으며 먼저 이 길을 간 동역자들로부터 영적인 지식과 노하우(know-how)를 전달받고 무장하여 순례의 길을 떠나는 곳이기도 하다.

2. 영성지도의 필요성

우리는 각 사람에게 다가오는 내일의 삶을 한 번도 경험하지 못했다. 따라서 우리가 이 길을 누군가 함께 간다면, 그 사람이 먼저 우리가 걷는 그 길을 걸어간 사람이라면 그만큼 시행착오를 줄일 수 있는 것이다. 세상에서는 자신의 길을 먼저 간 선배가 후배를 멘토링(mentoring) 해 준다. 대학교 신입생을 선배가 멘토링 해 주고, 직장 초년생을 그 분야의 상사가 멘토링 해 주며, 심지어 군대에서도 신병을 선임자가 멘토링 해 준다. 그렇게 함으로써 반복되는 실수를 줄일 수 있고, 새로운 환경에 잘 적응하여 효율적으로 업무에 매진할 수 있도록 하고 있다.

그렇다면 영적인 삶은 어떠한가? 최근 세상은 과거와는 다르게 급변하고 있다. 제4차 산업혁명의 파도가 사회 각 분야에 영향을 미쳐 초연결사회(hyper-connected society)로의 진입을 재촉하고 있다. 이러한 상황 속에서 목회자와 신앙인은 변화하는 시대의 흐름을 따라가지 못하고 광야에 홀로 우뚝 서 있는 듯한 느낌을 받는다. 어디로 가야 할지, 심지어 무엇을 해야 할지 갈피를 잡지 못하고 어리둥절하며 방황할 때가 종종 있다. 영적인 면에서도 마찬가지이다. 신앙 발달과정에서 겪는 다양한 변화와 도전, 그리고 영적 어두운 밤의 경험을 겪고 있는 이들에게 꼭 필요한 것이 바로 영성지도(Spiritual Direction) 혹은 영적 동반(Spiritual Companion, 또는 Spiritual Guidance)이다.

신앙의 여정은 어느 날 나 혼자 우뚝 서는 것이 아니다. 유혹과 시련, 그리고 실패와 절망 속에서 다시 일어서며 신앙의 힘은 길러진다. 넘어지더라도 다시 일어서고 좌절하더라도 다시 도전하는 용기와 에너지는 이 길을 함께 가며 동반하는 자를 통해서 배양된다. 그래서 달라스 윌라드(Dallas Albert Willard)는 영성지도에 대하여 다음과 같이 언급했다. "영성지도는 예수님에 의해서 이해되었고, 바울에 의해 가르쳐졌고, 초대교회에 의해 실천되었으며, 중세교회에서 지나치게 남용되었고, 종교개혁자들에 의해 그 범위가 좁아졌고 청교도들에 의해 다시 부활한 후 현대교회에 이르러 완전히 사라졌다." 그 후 제2차 바티칸 공의회를 기점으로 다시 주목받기 시작하였고 오늘날 많은 이가 그 유익성을 경험하고 참여하고 있다. 이처럼 영성지도 혹은 영적 동반은 우리의 신앙(인생) 여정에서 필수 불가결한 요소라고 할 수 있다.

3. 나의 인생에서 경험한 멘토와 영성지도자

필자는 어린 시절부터 집 근처 교회에 다니며 신앙생활을 하였다. 초중고등학교와 대학 청년부를 같은 교회에 다녔고, 세례와 결혼 주례도 그 교회에서 시무하시는 담임목사님께 받았다. 필자의 가정은 증조모 시절부터 기독교 신앙을 받아들였던 가정이었고, 할머님은 모(母) 교회 개척 때부터 교회를 섬기던 초대 권사로, 아버지와 어머니는 각각 장로와 권사로 교회를 섬기셨다. 이러한 가정에서 성장한 필자는 청년 시절 신앙에 대한 회의와 더불어 인생의 방향을 잃고 방황하였다. 어린 시절부터 교회를 다녔지만, 형식적이었다는 느낌을 지울 수 없었고 모든 것이 의심스러웠다. 필자에게는 다른 청년들과 마찬가지로 흔들 수 있는 깃발이 필요했고, 생명을 다해서 투신할 수 있는 비전이 필요했다. 학생운동이 한창이었던 대학 시절, 필자는 그곳에 뛰어들만한 용기도 없었다. 그래서 삶이 무의미했고 하루하루 무기력한 인생을 살았다. 그러던 시기에 한 형이 다가왔다. 오랫동안 한 교회에서 성장했기 때문에 잘 아는 선배였다. 그는 한 대학교 선교단체에서 배웠던 여러 가지 원리를 소개하며 필자를 신앙으로 이끌었다. 매주 일대일로 만나 일상의 이야기로부터 시작하여 신앙의 의문점과 더불어 하나님께 개인적으로 나아가는 방법을 설명해 주었다. 지금 되돌아보니 일종의 영성지도였다. 약 1년 동안 이러한 과정을 거쳐서 필자는 거듭났고, 신앙 안에서 성장하여 스스로 영적인 것을 찾아 배우기를 힘쓰는 사람이 되었다. 그 후에도 필자는 훌륭한 멘토와 선배들을 통해 선한 영향을 받을 수 있었다. 이들 중 대다수는 현재 선교사로, 목회자로, 그리고 각자 삶의 자리에서 평신도로서 교회와 하나님을 잘 섬기는 일군이 되었다.

취업이 잘 되어서 선택한 상과대학을 졸업할 즈음 필자는 장래에 대해 고민하기 시작하였다. 당시 한국 경제는 호황기였기에 대다수 동기는 취업 전선에 뛰어들어 안정적인 직장을 가졌다. 하지만 필자는 조금 더 나은 스펙을 쌓고 사회로 진출하는 것이 장래에 유익하겠다고 생각하였고, 캠퍼스 선교단체에서 활동하며 신앙 안에서 성장하는 것이 여러모로 도움이 될 것 같다고 보았다. 그래서 대학원에 진학하여 '국제경영'을 전공하였고, 졸업 후 직장을 잡았다. 대학원을 다니면서도 한 선교단체의 간사와 지역교회의 목회자, 그리고 리더들로부터 도움을 받았다. 정기적으로 일대일로 만나 영적 도움을 받았고 소그룹으로 만나서 영적인 일들을 논의하였는데 일종의 개인 영성지도와 그룹 영성지도였다. 지금 그 당시를 되돌아보니 이 또한 하나님의 크신 은총이라고 생각한다.

직장생활을 하던 중 필자는 BAM(Business As Mission)에 관심을 갖고, 평신도 선교사로서 살아가려고 준비하였다. 그때 하나님께서는 필자를 중앙아시아 단기선교 여행에 참여하게 하시고, 이 단기선교 여행을 통하여 필자는 전임사역자로 부르시는 하나님의 음성을 듣게 되었다. 이 과정에서 필자는 하나님의 부르심에 순종하여 신학을 공부하고 목회자나 선교사의 길로 방향을 전환하게 되었다. 필자는 당시 섬기던 모(母) 교회 전도사의 안내와 인도로 신학의 자리로 인도함을 받았고, 하나님 앞에서 목회자의 길을 걷게 되었다. 그 이후 필자의 삶을 되돌아보니, 순간순간 하나님의 인도하심과 손길이 아니었으면 이루어질 수 없는 신묘막측한 인도하심이었다. 신학대학원 졸업 후 선교단체 전임 사역, 결혼과 안수, 대학원 진학, 지역교회 부목사로 전임 사역, 그리고 유학과 이민교회 사역, 귀국에 이르기까지 지난 세월을 되돌아보니 곳곳에 좋은 동역자와 멘토, 그리고 영성지도자가 있어서 인생의 굴곡진 길에서 낙심하지 않고 여기까지 오게 되었다. 다시금 지난 생애를 생각할 때 필자의 입에서는 "이 모든 것이 주님의 은혜입니다(시 116:12)"라는 고백과 더불어 감사와 찬양만이 나온다.

4. 나의 영성지도 이야기

켈트족 속담에는 "영혼의 친구가 없는 사람은 머리가 없는 몸과도 같다(A man without a soul friend is like a body without a head)"라는 말이 있듯이 영혼의 친구는 신앙의 여정에 있어서 필수적인 요소라고 할 수 있다. 본 장에서는 필자의 영성지도 이야기를 소개하고자 한다. 먼저 영성지도를 받은 이야기를 서술한 이후 영성지도를 준 이야기, 그리고 이를 통하여 배운 바를 설명하고자 한다.

몇 해 전 필자는 지인의 소개로 한 영성지도자를 만난 적이 있었다. 그는 미국인으로 한국에 와서 선교활동을 했던 예수회 사제였다. 오랫동안 한국에서 활동하고, 그 후 중국으로 가서 선교활동을 하다가 다시 한국으로 돌아와서 현재는 은퇴한 분이셨다. 대략 한 달에 한 번 정도 만나 지난 한 달 동안의 삶을 되돌아보며 영적 담화를 나누었다. 주로 그가 거주하는 곳으로 찾아가 일상적인 이야기로 시작하여 영적인 이야기로 옮아갔다. 필자는 그를 떠올리면 무엇인가 전달하려고 하기보다는 경청하는 사람으로 기억한다. 그는 피지도자인 내가 스스로 하나님 앞에서 결정하고 분별할 수 있도록 공간과 시간적 여유를 제공하며 물 흐르듯 만남을 인도하였다. 지나고 나서 되돌아보니 영성지도자였던 그에게서 성령의 인도하심에 맡기는 단순함을 배운 것 같다. 조금 더 지적인 자극을 받거나 혹은 영성지도의 방법 등을 기대했던 필자에게 영성지도자와의 만남이 처음에는 실망으로 다가왔다. '이게 뭐야' 하는 당황스러운 반응이 자연스럽게 나왔다. 당시에는 인지하지 못했지만 오랜 시간이 지나서 되돌아보니 그분과의 만남은 영성지도 자체 안에 있는 소중한 보화를 발견한 시간이었다. 아울러 그가 인도했던 19번의 피정을 비대면으로 참여했던 기억도 있다. 코로나 팬데믹으로 모든 것이 정지한 암울한 상황에서 참여한 19번의 피정은 기도의 깊은 자리로 들어갈 수 있는 새로운 경험이었다. 그에게 있어서 영성지도는 기도 안에서 이루어지는 영적인 과정이었다. 그는 이것을 몸소 보여주었다. 필자는 일대일 개인 영성지도와 기도를 통한 그룹 영성지도를 통해 씨줄과 날줄로 엮어져 통합되는 영성지도 과정을 경험할 수 있었다.

또한, 최근에 필자는 동료 수퍼비전(peer supervision)을 통하여 한 달에 한 번씩 비대면으로 만나 영성지도의 경험을 피드백하고, 서로에게 도움을 주는 모임을 하고 있다. 이를 통하여 영성지도의 중요성을 재발견하고 나 자신의 부족함을 채워가고 있다. 만일 이러한 시간이 없었다면 내가 진행하고 있는 영성지도가 올바른 방향으로 가고 있는지 혹은 그렇지 않은지 평가할 수 없으리라고 본다.

한편, 필자의 삶의 자리가 신학대학교라는 현장이다 보니 영성지도를 준 이야기는 주로 신학생들을 위한 2박 3일로 이뤄지는 단기 영성훈련 과정이다. 약 10여 년 동안 방학과 학기 중에 지속되어온 신학대학원생의 영성지도는 육체적인 한계로 버거운 때도 있었지만 이를 통하여 많은 것을 배울 수 있었던 유익한 시간이었다. 비록 단기간 영성지도이지만 목회자 후보생들에게 침묵 가운데 이루어지는 영성훈련과 영성지도의 경험을 줄 수 있다는 점에서 의의를 찾는다. 이러한 경험을 통해 일상의 영성지도와 단기 영성지도의 차이를 몸소 경험하였다. 즉 전자에 비교하여 후자는 (상황에 따라 차이가 있지만) 제한된 시간으로 지도자가 조금 더 주도적이고 지시적으로 진행해야 효과적임도 알게 되었다. 짧은 기간 진행되는 영성지도 과정에서도 일부 학생들은 깊은 감동과 울림을 경험하고 반응하며 더 깊은 기도의 자리로 나아가는 것을 보면서 필자는 나름대로 보람과 이 사역의 의의를 발견하게 되었다. 이외에도 비정기적으로 진행되는 영성훈련을 통하여 다양한 형태의 영성훈련과 영성지도를 줌으로써 참여자와 성도들에게 새로운 경험을 선사하기도 했다.

아울러, 필자가 일상생활 중에서 일대일로 영성지도를 주었던 사례 몇 가지만 소개하면 다음과 같다. 코로나 팬데믹 상황에서 진행되어 주로 비대면으로 진행되었고, 그 이후에는 비대면으로 영성지도를 한다는 것이 자연스럽게 되었다. 첫 번째 사례는 박사과정 진학을 고민하는 평신도 여성이었다. 그녀는 모태 신앙으로 자랐음에도 불구하고 신앙의 열정이 식었고, 교회에 출석하였지만 자신의 진로와 비전에 대하여 고민하고 있었다. 당시 그녀는 직장생활을 하면서 상사와의 갈등으로 현재 하는 일에 만족함을 느끼지 못하고, 자신의 성장과 미래를 위하여 박사과정 진학을 고민하던 중이었다. 필자 역시 영성지도자에게 배운 대로 스스로 하나님 앞에서 기도 가운데 결정할 수 있도록 공간을 열어 주고 경청하는 사람의 역할을 하려고 노력했다. 그 후 그녀는 박사과정에 진학하여 자신의 꿈을 위하여 준비하는 과정을 걸어가게 되었고 그 와중에 영성지도를 마무리하게 되어 아쉬웠다.

두 번째 사례는 최근 담임목사로 부임한 한 장로교 목사의 경우이다. 그는 목회와 관련된 여러 가지 스트레스를 받아 심한 우울증에 빠진 상황이었다. 하지만 가족의 격려와 보호, 지인들의 지지, 그리고 약물치료 등을 병행하면서 영성지도를 받으며 회복되어 현재까지 건강한 목회를 잘 감당하고 있다. 서로 신뢰의 관계를 구축하고, 피지도자가 마음의 이야기를 털어놓고 솔직하게 이야기할 수 있는 상황으로 발전한다면 효과적인 영성지도가 이루어질 수 있다는 것을 경험한 사례이다. 아울러 목회적인 스트레스와 과중한 사역으로 어려움을 겪는 한국교회 목회자와 사모님들에게 영성지도 사역이 절실히 필요함을 느꼈던 시간이었다.

세 번째 사례는 미국에서 직장생활을 하는 1.5세 재미교포로 기독교 신앙을 가지고 하나님의 부르심에 관하여 고민하는 형제의 경우이다. 그는 청소년기에 가족들과 함께 미국으로 이민을 떠났으나 그곳에서 잘 정착하지 못하고 방황하며 젊은 시절을 보냈다. 하지만 그 와중에 신앙을 통하여 거듭나게 되었고 하나님 나라를 위하여 전임 사역으로 자신의 삶을 드릴 것인지 고민하고 있었다. 아울러 결혼 문제도 맞물려 있어서 여러 가지 분별하고 결정하는 과정에 있는 사례였다. 필자는 구체적으로 무엇을 도와주기보다는 경청하고 스스로 하나님 앞에 설 수 있도록 격려하고 함께 기도하며 동반하는 일 자체가 의미 있는 사역임을 깨닫게 되었다.

앞에서 언급한 사례 이외에도 필자가 다양한 경험을 하면서 이 사역은 장래 한국교회의 갱신과 영적 성숙을 위하여 꼭 필요한 사역임을 확신하게 되었다. 그리고 이를 통하여 영성지도의 유익을 발견하게 되었다. 즉, 무엇보다 영성지도자와 피지도자 사이에 인격적 관계 형성을 통한 신앙의 성숙에 기여 할 수 있다는 점, 죄와 유혹으로부터의 보호를 받는다는 점, 하나님 임재 경험과 영적 민감성이 향상된다는 점, 그리고 이 길을 함께 걸어가고 있는 동역자가 있음을 느끼고 격려

받게 된다는 점 등 다양한 장점을 발견할 수 있었다.

5. 나가는 말

최근 필자는 천로역정이라는 책을 다시 읽어보았다. 오랜만에 읽은 책임에도 불구하고 우리의 신앙 여정을 묘사한 걸작임을 다시금 발견하게 된다. 천성을 향한 순례의 여정에서 가는 곳곳마다 주인공인 크리스천은 영성지도자를 만난다. 전도자, 도움, 호의, 분별, 신중, 경건, 자비, 성실, 소망, 목자들(지식, 경험, 경계, 신실)이 그들이다. 이들을 통하여 크리스천은 힘난한 여정을 마무리하고 천성에 이르게 된다. 물론 여정에는 위험과 시험, 그리고 유혹이 도사리고 있었다. 하지만 이것들을 이겨내고 영성지도자들의 도움으로 마침내 천성에 도달한 크리스천의 이야기가 필자에게는 가슴 뭉클하게 다가온다. 물론 천로역정의 작가인 존 번연(John Bunyan) 역시 존 기포드(John Gifford) 목사에게 커다란 영향을 받고 영성지도를 받았을 것이라고 본다. 위대한 인물 뒤에는 위대한 영성지도자가 있듯이 우리는 누구나 영적인 동반자를 필요로 한다. 우리는 인생의 무거운 짐을 지고 천성을 향해 걸어가는 순례자이다. 이 여정에서 천국의 상급을 바라보며 우리 모두 영적 동반자와 함께 뚜벅뚜벅 걸어가기를 소망한다.

마지막으로 필자는 한국교회에서 영성지도의 개척자 역할을 하시고, 이제 호남신학대학교에서 은퇴하게 되신 최승기 교수님께 감사와 존경을 담아 이 글을 마무리한다.

하나님의 선물, 영성지도자

주희진 (초원교회)

신학대학원(M. Div.)을 마치고 영성 신학 석사(Th. M.) 과정에 입학한 첫해는 나에게 몹시 힘들고 괴로운 시간이었다. 수업을 듣는 시간 내내 내 삶의 해결되지 않은 여러 가지 문제와 나를 송두리째 삼켜버릴 듯한 분노의 감정을 간직한 채 이 자리에 앉아 있는 것이 옳은 결정인지 끊임없이 나 자신에게 묻고 또 묻고 있었다. 그러던 어느 날 우연히 영성지도를 하시는 목사님 한 분과 대화하던 중에 영성지도를 받아 볼 것을 권유받게 되었다.

상담과 비슷할 것이라는 생각으로 별 기대 없이 첫 만남에 임했는데 영성지도 시간 내내 나를 삼켜 버릴 듯한 온갖 분노의 감정을 쏟아 놓게 되었다. 영성지도자는 그런 나의 토로를 따뜻한 태도로 진지하게 경청해 주었다. 한 달에 한 번, 한 시간 동안 만날 것을 약속하고 영성지도의 첫 시간이 끝났다. 특별한 변화는 없었다. 단지 처음 만난 사람에게 나의 내면에 일어나고 있는 감정을 다 쏟아 놓았다는 것이 신기할 따름이었다.

그렇게 시작된 영성지도가 6개월 이상 지속되면서 미묘한 변화들이 감지되기 시작했다. 그동안 다람쥐 쳇바퀴 돌듯 반복되었던 혼란과 두려움, 수치심, 열등감, 패배감 같은 감정의 실체가 보이기 시작하면서 대화에 변화가 생기기 시작했다. 두려움과 불안과 분노가 너무 크고 고통에 지나치게 함몰되어서 인생의 궁극적인 질문을 딱 꼬집어서 말할 수 없었던 내가 고통이나 혼란을 의문으로 표현할 수 있게 되었고, 그런 의문에 대한 답을 구하게 되면서 이제는 무작정 헤매는 것이 아니라 혼란과 의문을 조금씩 살아낼 수 있게 된 것이다.

고민, 회의, 불안을 회피하지 않고 대면했을 때 새로운 변화가 시작되었다. 나의 삶은 하나님이 은혜로 주신 것이며, 내 삶은 풀어야 할 문제가 아니라 나의 친구이시고 최고의 길잡이이신 예수님과 더불어 걸어가는 여정이라는 것을 알게 되었다. 이 깨달음으로 나의 설교, 상담, 목양 등 영적인 삶에 많은 변화를 맞이하게 되었다.

영성지도는 사람들로 하여금 자신의 삶과 화해하도록 돕

는다. 나 또한 두 명의 영성지도자와의 만남을 통해 내 삶과 화해하고 직접적인 변화를 경험하게 되었다. 그것은 그야말로 '하나님의 선물'이었다.

성경에서 실존의 어려운 질문들을 던지고 삶으로 살아냈던 대표적인 믿음의 사람이 있다면 바로 욥일 것이다. 욥기를 잘 읽어보면 욥의 친구들은 그의 질문에 '대답'하지만 하나님은 대답하지 않으신다. 인생의 고난 앞에서 의문을 품고 살면서 욥이 할 수 있는 말은 이것뿐이었다.

> 주신 이도 여호와시요 거두신 이도 여호와시오니 여호와의 이름이 찬송을 받으실지니이다(욥 1:21)

내가 영성지도를 통해 깨달은 것은 바로 이것이다. 영적 도움을 구하려면 어려움을 피하지 말고 직면해야 한다는 것이다. 우리는 우리가 겪는 모든 고통에 대한 쉬운 답이나 보장을 받아들이려고 하는 유혹에 시달린다. 그러나 하나님은 영성지도를 통해 나에게 나의 연약함과 한계를 인정하게 하셨고, 믿을 수 있는 영적 친구들을 만나게 해 주셨으며, 하나님과의 초월적인 신비가 밝혀질 것에 대한 열린 마음을 선물로 주셨다.

교회 안에서 부목사로 사역하면서 성도들 가운데 삶의 난제와 고통에 시달리고 있는 분들을 만나게 된다. 이분들이 상담을 요청하시면서 자연스럽게 나의 영성지도 사역이 시작되었다. 영성지도와 목회 상담은 큰 차이점이 있었다. 적어도 나의 경우에는, 목회 상담은 상대방을 위로하고 어떤 방식으로든 도움을 주어야 한다는 부담이 있었기에 많이 힘들고 부담스러웠다. 그런데 영성지도는 주님이 그분을 이끌고 위로하시는 것을 함께 지켜보고 안내하는 안내자의 역할만 하면 되니까 부담이 되기보다 오히려 주님이 인도하심에 대한 기대감이 컸다. 그때부터 성도들과의 만남은 상대방의 말을 두려움 없이 듣고, 나 자신의 파란만장한 인생 이력 속에서 하나님의 긴밀한 연결고리들을 발견하는 흥미진진한 영적 여정이 되었다. 심각한 고민과 의문을 지닌 성도들에게 목회자이기 전에 영성지도자로서 다가가 이렇게 말할 수 있게 되었다.

당신은 다 알 수 없는 문제의 답을 구하고 있습니다. 저도 답을 모르지만 당신이 하나님께 답을 구하는 그 여정에 함께하겠습니다. 나는 해결책을 줄 수 없고 당신이 고민하고 있는 문제에 답을 줄 수도 없습니다. 나도 당신만큼 약하고 우리는 모두 피조물이기 때문입니다. 그러나 우리는 혼자가 아닙니다. 하나님이 우리와 함께 계십니다. 내가 하나님이 이끄시는 흥미진진한 영적 여정에 당신과 동행하겠습니다.

영성지도를 하거나 받는다고 반드시 해결책이 나오는 것은 아니다. 영성지도자는 깨달음을 주는 존재가 아니라 피지도자로하여금 하나님의 빛을 선물로 받을 수 있도록 일깨워 줄 뿐이기 때문이다. 영성지도에 임할 때 내가 종종 떠올리는 예화가 있다. 영성지도의 성격을 잘 표현해 준다고 생각한다.

옛날에 어떤 조각가가 커다란 대리석 덩어리를 놓고 망치와 정으로 열심히 조각을 하고 있었다. 그 조각가를 지켜보고 있던 한 어린 소년에게는 여기저기 크고 작은 돌 조각이 떨어지는 것밖에 보이지 않았다. 아이는 무슨 일이 벌어지고 있는지 전혀 몰랐다. 그러나 몇 주 후에 아이가 작업실에 돌아와 보니 놀랍게도 전에 대리석이 서 있던 자리에 크고 힘센 사자가 앉아 있었다. 소년은 몹시 흥분하여 조각가에게 달려가 말했다. "선생님, 말씀해 주세요. 대리석 속에 사자가 있는 걸 어떻게 아셨어요?"
조각가는 그 소년에게 이렇게 대답했다. "내가 대리석 속에 사자가 있다는 걸 안 것은 대리석 속의 사자를 보기 전에 먼저 내 마음속에서 사자를 보았기 때문이란다. 내 마음속의 사자가 대리석 속의 사자를 알아본 것이지.

영성지도란 조각의 거장이신 하나님의 작업에 주의 깊게 주목하는 것이다. 내면의 사자가 드러날 때까지, 하나님에게서 오지 않은 모든 것이 서서히 깎여 나가도록 잠잠히 나 자신을 내어 드리는 것이다. 영적인 삶을 산다는 것은 결코 쉬운 일이 아니다. 대리석은 쉽게 깎이지 않으며, 인간의 영도 하나님의 형상으로 빚어지려면 어리석은 삶에서 순종하는 경청으로 옮겨가려는 씨름이 있어야 한다.

헨리 나우웬은 어리석은 삶이란 침묵 속에서 우리에게 말하는 음성을 듣지 못하는 귀먹은 생활 방식이라고 말했다. 우리의 삶은 많은 일로 가득 차 있다. 일이 너무 많아서 도대체 그것을 어떻게 다 해낼지 의문일 때도 많다. 그러면서 동시에 우리는 만족하지 못한다. 바쁘지만 지루하고, 함께하면서 외로운 삶, 그것은 우리를 창조하셨고 우리를 새로운 삶으로 부르시는 하나님의 음성을 더 이상 듣지 않는 어리석은 삶의 증상이다. 어리석은 삶은 매우 고통스럽다. 삶의 근원에서 분리된 채 방황하며 유리하는 기분이 들기 때문이다. 안정도 평안도 없다.

반면 순종하는 삶에서는 하나님의 임재와 하나님의 일하심을 듣고 느끼는 능력이 개발된다. 순종하는 삶이란 내 안에 계시고 우리 중에 계신 성령님의 음성을 바짝 귀 기울여 듣는 것이다. 하나님은 우리를 돌보시고 치유하시고 인도하시고 지도하시고 도전하시고 지적하시고 바로잡으시고 빚으시는 하나님이시다. 순종한다는 것은 이 적극적인 임재에 끊임없이 주목하는 것이며, 오직 사랑이신 하나님을 우리의 모든 생각과 말과 행동의 근원이자 목표가 되게 하는 것이다.

하나님의 음성을 듣는 귀를 기르려면 시간이 걸린다. 우리 모두에게는 듣지 않으려는 강한 저항이 있기 때문이다. 우리는 자신의 삶에 빈 공간을 마련하고 자신을 장악하고 있는 것들을 잠시만이라도 내려놓기를 몹시 어려워한다. 그러나 무엇보다도 우리는 하나님의 음성을 듣는 것에 대한 두려움이 있다. 하나님이 가라고 부르시는 방향으로 정말 가고 싶을지 자신이 없기 때문이다. 우리 자아가 하나님께서 우리 안에 빚으려고 하시는 것과 같을지 자신이 없다. 하나님의 음성을 들은 사람들이 친숙하고 비교적 편안한 곳을 떠나서 선뜻 가고 싶지 않은 곳으로 가라는 부르심을 종종 받았다는 것을 우리는 알고 있기 때문이다. 이집트의 고달픈 확실성이 광야의 종잡을 수 없는 방황보다 더 낫다고 모세에게 불평했던 이스라

엘 백성의 경우가 그렇지 않은가?

다른 것들로 꽉 찬 상태와 산만한 상태도 저항의 한 형태인데, 그런 저항이 있으면 삶의 진리를 볼 수 없고, 하나님의 음성을 들을 수 없고, 영적인 삶을 살 수 없다. 하나님의 음성을 듣고 순종하려면 우리의 주의를 끌려고 다투는 모든 다른 음성에 저항해야 한다. 영성지도를 정기적으로 꾸준히 받게 되면 하나님의 음성을 듣는 훈련에 많은 도움이 된다.

영적인 삶을 마치 우리가 특정한 감정을 느끼고 특정한 생각을 하고 특정한 통찰을 얻을 때 시작되는 삶으로 생각하는 사람들이 적지 않다. 그러나 영적인 삶을 어떻게 만들어 낼 것인가가 아니라 그것이 실제로 벌어지고 있는 부분을 보는 것이 중요하다.

하나님은 지금도 일하고 계신다. 우리가 의식하고 있든 그렇지 못하든, 깎아내고 조각하는 일은 이미 진행 중이다. 하나님이 활동하고 계시고 그 영적인 활동에 내가 이미 참여하고 있음을 인식하는 것, 이것이 바로 우리의 과제다. 그런데 하나님의 활동을 혼자서 발견하기가 쉽지 않기 때문에 믿을 수 있는 친구들과의 교제를 통해 하나님이 어떻게 일하고 계신지 볼 수 있다.

나는 영성지도를 받거나 영성지도로 섬기면서 하나님의

위대하심이 우리의 일상에서 계시되는 것을 볼 수 있었으며, 그 발견은 다시 순종의 삶으로 연결되었다. 그리고 순종이란 내가 피하고 싶을 수도 있는 곳들로 서서히 성령께 이끌려 가는 것임을 깨닫게 되었다. 하나님의 음성을 듣고 순종하기가 어렵기 때문에 우리에게는 훈련과 실천이 필요하다. 대리석은 저절로 깎일 수 없고 조각가가 필요하다. 운동선수는 자기만의 트레이너나 코치가 필요하다. 마찬가지로 믿음의 사람도 영성지도자가 필요하다.

우리는 다 자기기만에 빠지기 쉽고, 무서운 탐욕이나 교만을 스스로 감지하기도 쉽지 않다. 자신이 착각하고 있지 않다는 것을 어떻게 알 수 있을까? 내 취향에 맞는 성경 말씀만 골라서 듣는 것이 아님을 어떻게 알 수 있을까? 상상 속의 음성을 듣는 것이 아님을 어떻게 알 수 있을까? 마음의 욕망이나 나의 생각을 하나님의 뜻으로 둔갑시키기란 너무도 쉽다.

그래서 우리에게는 우리 자신의 혼란이나 우리 통제권 밖의 어두운 세력으로부터 비롯된 다른 음성들을 분별하고 하나님의 음성에 귀 기울일 수 있도록 도와줄 사람이 필요하다. 모든 것을 포기하고 절망 가운데 도망치고 싶은 유혹을 느낄 때 우리를 격려해 줄 사람이 필요하다. 불확실한 방향으로 성급하게 덤비거나 애매한 목표로 교만하게 발걸음을 내디디려고 할 때 주의를 기울이도록 상기시켜 줄 사람이 필요하다. 읽어야 할 때와 침묵해야 할 때를 알려 주고 묵상해야 할 말씀을 일러 줄 사람이 필요하다. 침묵 속에서 평안을 얻지 못하고 두려움만 가득할 때 어떻게 해야 할지를 안내해 줄 사람이 필요하다.

나의 영성지도자들은 나의 삶을 향한 하나님의 권리, 이미 있었던 일과 지금 있을지 모르는 일을 탐색할 수 있도록 안내하고 지혜를 나눠 주었다. 그들과 함께한 시간을 통해 나는 이제 성령께서 부르시는 방향으로 "예"라고 대답할 수 있게 되었다. 그 방향은 두렵기도 하지만 이러한 하나님의 부름이 아주 매력적이라는 것을 알고 있고, 사랑의 힘이 나를 이끌고 있기에 내가 능히 그 부름에 응답할 수 있다는 것을 보면서 놀라게 되었다.

영성지도자란 상담자나 치유자나 분석가가 아니라 성숙한 동료 그리스도인이다. 책임을 다해 영적인 삶을 살도록 나를 점검해 줄 사람이다. 삶 속에서 하나님의 일하심을 분별하려는 끊임없는 나의 씨름을 기도로 응원해 주는 사람이다. 그렇다면 결국 영성지도의 본질은, 한 그리스도인이 다른 그리스도인을 도와 두려움 없이 하나님의 임재 안으로 들어가 거기서 하나님의 부르심을 분별하게 해 주는 것이다.

영성지도, 그 은혜에 대하여

하종순 (영성지도자, 화가)

2013년 설레는 마음으로 영성지도자 과정의 첫 강의에 참석하였다. 강의를 시작하기 전 짧은 기도에서 "그래, 잘 왔구나"라는 하나님의 환대를 느꼈다. 교수님의 강의 내용은 내가 궁금해하던 모든 것을 알려주는, 바로 나를 위한 강의였다. 나는 배우는 내내 큰 기쁨을 누렸다. 그 해 여름방학, 유럽 수도원 탐방이라는 나를 성장하게 하는 무시무시한 하나님의 테스트가 기다리고 있음을 그때는 꿈에도 몰랐다. 그 여정에서 나는 하나님보다 피조물을 더 사랑하는 무질서를 내 안에서 보았다. 내 힘으로는 그 감옥에서 절대로 빠져나올 수 없다는 것을 깨닫고 고통과 낙심의 시간을 보내도록 놔두시고 하나님은 나로부터 숨어 버리셨다. 두 번째 학기 중에는 장 피에르 코사드의 '자기 포기의 삶에서'라는 글을 접하게 되었다.

제가 아는 것은 제가 특별히 할 일은 없으며 단지 조각가의 손에 완전히 저를 맡기고 그분을 사랑하며 그분이 원하시는 저의 모습을 위해 견뎌야 한다는 것입니다. 저는 그분이 무엇을 하시든지, 또 행하시는 정확한 이유를 잘 알지 못합니다. 다만 그분께서 가장 완전한 작품을 위해 최선을 다하신다는 것만 압니다. 솔직히 말하면 끌이 저를 깎을 때마다 마치 저를 파괴하고 외관을 망치는 것처럼 생각됩니다. 그러나 그것이 저를 가장 좋은 모습으로 만들 것이라는 것을 알고 그 고통을 견딥니다…. 결국 어떻게 될까 염려하지 않고 솜씨 좋은 조각가의 손에 저를 온전히 맡깁니다.

이 글을 읽으며 나는 오열을 참을 수 없었다. 교수님을 통해 하나님께서 나에게 말씀하시는 순간이었다! 내 마음의 격렬한 반응은 스스로 당황스러울 정도였고 나는 그 감정을 주체할 수가 없었다. 그것은 아버지에게 돌아온 둘째 아들, 탕자의 서러운 눈물처럼 하나님을 만난 기쁨의 눈물이었다. 그리고 그 말씀은 하나님 아버지 집에 살기에는 세상의 때가 너무나 많은 나를 정화하시겠다는 일방적인 통보였다. 이해가 되기까지 오랜 시간이 걸렸다.

이 체험은 나의 영혼을 알아가는 아주 명료한 경험이었다.

나는 한참 후에야 '내 안에 또 다른 내가 있구나' 하는 것을 깨달았다. 한편으로 주님은 그동안 자랑해 온 나의 재능부터 손을 대셨다. 더 이상 그림을 그릴 수 없다는 무력감이 찾아왔고, 당황스럽게도 내 존재가 사라지는 듯했다. 내가 꿈꿔 왔던 계획을 송두리째 뒤집어 엎는 첫 번째 신호였다. 그러면서도 다른 한편으로는 영성에 대한 궁금증이 점차 커졌고 영성가들의 책이 내 빈 마음을 채우기 시작했다. 특히 토마스 키팅의 글은 내 심령을 파고들었다. 센터링 기도는 내 거짓 자아를 내려놓고 하나님과 함께 있는 참 자아를 찾아 주었다. 하나님은 점점 내 이성으로 추론하는 하나님을 사라지게 하셨다. 주리를 트는 듯한 강도로 하나님은 나를 철저히 비우도록 내 영혼을 다루셨다. 아무런 위안이 없는 기도는 절대 침묵이 되어 갔다. 그때 나는 나로부터 내가 나오는 신비한 경험을 했다. 세상으로부터 하나님 편으로 이동하는 그 짧은 순간에 나는 무언가 새로운 힘을 얻었다. 그동안 배워서 알고 있는 하나님에 대한 지식이 완전히 무너지고 새롭게 하나님을 알게 되었다. 또 그만큼 새롭게 내 존재를 알게 되었다.

2016년에는 스페인 영성가들의 삶을 찾아보는 여행에 동행하게 되었다. 이 여행에서 마침내 하나님은 나에게 테스트를 하신 이유를 명료히 알려주셨다. 아빌라에 있는 데레사 성당에서 잠시 쉬면서 기도하는 중에, 예수님이 십자가에서 피 흘리시는 모습이 선명하게 보였다. 동시에 내가 어떤 죄에 빠져 있는지 나의 모습을 적나라하게 보게 되었다. 그리고 그때 아들을 십자가로 보내신 하나님의 눈물을 보았다. 나는 절망적인 죄인이었다!

주님은 그동안 나라고 생각한 거짓 자아를 호되게 다루셨다. "나에게 올 것인지, 피조물 속으로 숨을 것인지 택하라!" 엄중히 말씀하셨다. 솜씨 좋은 조각가이신 주님은 거침없이 망치로 나를 두들기시고 결국 하나님께 승복하게 만드셨다.

영성지도자 과정 공부와 묵상을 하면서 나에게 일어나는 수많은 체험을 나눌 수 있는 영성지도자가 필요했다. 교수님이 약 4-5년간 균형 잡힌 지도를 해주셨다. '참된 영성지도자는 성령님이시다'라는 가르침은 그 정수였다. 하나님은 나에게 다시 그림을 그리도록 해 주시면서 "천재 화가들에게 주지 않았던 것을 너에게 준다"고 하셨다. 그것이 무엇인지 찾으려 했지만 바로 알게 하지 않으셨다. 깊은 기도와 지루한 인내의 시간을 보내며 하나님은 그것이 무엇인지를 알게 해 주셨다. 하나님은 예수 그리스도를 증언하도록, 생생한 메시지와 그에 따른 이미지로, 새로운 방법으로 나를 훈련하고 계셨다. 십자가 사건의 은총이 점점 희석되어 가는 이 시대를 보게 하

시고, 예수님의 수난에 참여하게 하신 것이었다. 그리고 신앙의 험산준령을 고독하게 넘어가게 하셨다. 방황과 혼란의 시간을 거치며 '하나님은 나와 분리될 수 없다'라는 확신이 '나를 하나님께 완전히 맡기겠다'는 용기로 이어졌다. 젖을 떼고 단단한 음식을 먹을 수 있도록 이끄시는 하나님의 훈련은 지금도 나의 한계를 넓혀 가고 계신다.

　나의 변화는 영성지도로부터 시작되었고, 영성지도는 규칙적인 기도를 하도록 이끌어 주었다. 이러한 기도는 예수 그리스도와의 관계로 이어 주고 살아계신 성령은 하나님을 참되게 알도록 깨우쳐 주시며 하나님을 내 주인으로 인정하며 살아가게 해 준다. 이 은혜는 나에게서 멈추지 않고 다른 영혼을 돌아보게 하신다. 모든 영혼은 하나님이 창조하셨다. 그러나 많은 사람은 하나님의 사랑을 제대로 알지 못하고 무궁무진한 잠재력이 자신 안에 있다는 사실을 모르고 있다. 우리를 거짓 자아로 살아가게 하는 이 허상을 뛰어넘어야 새로운 차원이 열릴 것임을 안다. 이 시대에 '희망은 영성지도 사역이다'라고 성령님이 말씀하시는 듯하다.

최승기 교수님께 드리는 글

김명희 (소망의언덕수도원)

안녕하세요? '골짝 나라'라고 부르는 곡성(谷城)의 한적한 카페에 왔습니다. 마침 봄비도 내리고, 흐르는 음악은 고(故) 김정호 씨의 '이름 모를 소녀'입니다. 문득 교수님을 추억해 보니 벌써 15년의 세월이 흘렀습니다. 교수님께 수강한 영성 수업과 영성지도자 과정을 공부한 설렘이 엊그제 같은데 말입니다. 그때 '기도원의 새로운 패러다임'이라는 제목으로 졸업 소논문을 제출했습니다. 많은 개신교의 기도원과 가톨릭 수도원을 탐방하면서 심각한 고민과 기도 후에 쓴 것이었습니다. 교수님을 만나 영성에 대한 공부를 하지 않았더라면 저는 전통적인 기도원을 운영하고 있지 않았을까 하는 생각을 해 보게 됩니다. 본 것도 없고 들은 것도 없고 아는 것이 없으니 당연히 그렇게 하고 있었을 겁니다.

특히 '기도와 하나님의 뜻 식별'이라는 주제를 가지고 공부할 때 저의 가슴이 벅차올랐고, 하나님께서 강력하게 역사하심을 느꼈습니다. 그동안 기도를 '나의 소원 성취용'으로 알고 있었는데 하나님과의 대화요 교제라는 소개는 참으로 충격 그 자체였습니다. 저는 기도에 대한 많은 체험이 있었으나 기도를 교제의 차원으로 들은 적이 없었습니다. 또한 식별의 방법에 대해서는 많은 체험이 있었으나 정리되지는 않았었습니다. 교수님과의 만남이 없었더라면 기도원의 형식을 버리지 못했을 겁니다. 이것은 주님의 은혜 베푸심임을 고백할 수밖에 없습니다.

그리스도를 본받아 살아보겠다는 의미를 담아 '소망의 언덕'이라는 이름의 수도원을 시작하게 되었습니다. 그동안 수도원의 역사와 다양한 사역 방법을 공부하면서 어떻게 사역할 것인지를 고민하고 기도하는 가운데 '성균관'이라는 사명을 받았습니다. 하나님께서 이렇게 말씀하셨습니다. '내가 사람들을 보내면 너는 사람들을 교육하고 훈련시켜서 한 사람도 너의 밑에 두지 말고 모두 보내라.' 저는 '아멘'으로 응답했습니다. 처음에는 이 골짝까지 누가 오기나 할까, 요즘은 기도원에 가는 사람도 많이 없는데 과연 누가 올까 하는 생각이 들었습니다. 그런데 주님께서 사람들을 보내셨습니다. 저는 그들에게 성경을 공부시키고, 부르심의 소명이 무엇인지를 열심히 가르쳤습니다. 그리고 계속해서 하나님께서 사람들을 보내십니다. 가끔은 오겠다는 사람이 없어서 "아, 이제는 좀 쉬겠다"라고 말하면, 남편 목사가 이렇게 말합니다. "아이고, 쉴 생각을 마세요. 하나님이 당신 그런 꼴 못 보시지"라고 말입니다. 그러면 어김없이 수도원에 오고 싶다는 연락이 옵니다. 그래서 요즘은 주님께서 원하시는 스케줄에 나를 맞춰 살아가고 있습니다.

교수님께서도 아시다시피 '수도원'이라는 이름 때문에 많은 어려움을 겪기도 했습니다. 심한 오해와 시기와 질투, 그리고 비방의 소리가 많았습니다. 수도원이라는 이름을 걸지 않았다면 없었을 일들이었습니다. 이런 소리 들어가면서까지 '수도원'이라는 이름을 붙여야 하는가 하는 고민도 했습니다. 그때 교수님께서 전화를 주셨습니다. "주님이 주신 은혜를 어렵다고 내려놓지 마십시오." 그 말씀을 주님께서 교수님을 통해서 저에게 하시는 말씀으로 받았습니다. 큰 위로가 되었고 지금은 누가 뭐라 해도 꿋꿋하게 수도원의 사명을 감당하고 있습니다. 분명한 것은 영성 신학 공부와 영성지도자 과정 공부가 오늘 제가 하는 사역의 품을 형성하는 데 지대한 영향을 끼쳤다는 것입니다.

많은 사람이 영성을 하나의 수단으로 이해하는 것을 보았습니다. 영성을 능력자가 되기 위한 수단으로, 안식을 누리기 위한 수단으로, 그리고 교회 성장의 수단으로 보는 경우가 많습니다. 수도원을 방문하는 사람들과 이야기를 하면서 느낀 것은 구원과 영성을 다르게 이해하고 있다는 것입니다. 구원의 목적이 영성인데 기독교 영성 이해의 왜곡으로 그리스도인이 자기 정체성을 혼돈하고 있는 것입니다. 삶이 배제된 영성, 지적 유희의 모습, 영성을 입에 달고 살지만 삶의 변화에 아무런 영향력도 끼치지 못하는 모습을 보면 마음이 아플 때가 많습니다. 영성은 결코 수단이 아닌 그리스도인의 삶 자체로 이해해야 합니다. 로마서 8장 29절, "하나님이 미리 아신 자들을 또한 그 아들의 형상을 본받게 하기 위하여 미리 정하셨으니 이는 그로 많은 형제 중에서 맏아들이 되게 하려 하심이니라"는 말씀처럼 그리스도를 닮아가는 삶임을 가슴 깊이 새겨 봅니다.

어느 날인가 교수님을 찾아가서 어떤 사안에 대해 건방지고 지혜롭지 못하게 따져 물었던 실수를 했습니다. 그때 넓으신 마음으로 품어 주셔서 고맙습니다. 그때 제자를 사랑하시고 보호하시려는 교수님의 모습이 마음 깊이 남았습니다.

교수님께서 처음 호신대에 오셔서 얻으신 별명을 아시지

요. '가까이하기엔 너무 먼 당신'입니다. 오랜만에 다시 영성 지도자 수업 시간에 뵈니 농담도 잘하시는 교수님으로 변해 있으셨습니다. 그래서 "교수님, 우리 때 교수님 별명은 가까이하기엔 너무 먼 당신이었는데 많이 변하셨네요"라고 했더니 "조금 사람이 되었어요"라고 하셨지요. 그때 너무 감동이었습니다. 탁구도 같이 치고, 이기면 만세를 부르시던 모습에서 영성의 사람이 어떠한 것인지를 대변해 주신 것 같아 너무 좋았습니다.

영성지도를 영혼의 안내자로 소개해 주셔서 감사합니다. 진정한 의미에서 참된 영적 안내자는 오직 성령님뿐이며 영적 안내자는 깨달음을 만들어 내는 것이 아니라 비록 영적 안내자가 우리에게 꼭 필요하고 순례의 길에서 큰 도움이 된다 할지라도 우리는 풍경을 비추는 거울과 화살 너머를 가리키는 화살에 지나지 않는다는 것을 잊지 않겠습니다. 모든 지식의 근원이요 생명을 주시는 분인 주님을 때때로 조금이나마 보여 주는 존재에 불과하다는 것을 명심하겠습니다.

최승기 교수님! 주님께서 오라 하실 때까지 주 안에서 강건하시기를 바랍니다.

3부

목회 현장에서의
영성지도 연구와 적용

영성지도와 상담을 통한
목회자의 성장 및 변화에 관한 연구

김원필 (울산삼산교회)

Ⅰ. 들어가는 말

근래에 들어 종교와 영성은 인간의 정서적 안정과 심리적 안녕에 긍정적 영향을 주고 있다는 연구들(장동진, 김용태, 2008)이 소개되고 있다. 이와 더불어 상담과 심리학 분야에서 심리학과 영성의 통합에 관한 연구들(김용태, 2008, 김지연 외, 2012, 황지연, 2013)과 관심이 대두되고 있고 이러한 시점에서 목회자는 상담자요 영성지도자로서 성도의 문제를 신체, 심리적인 영역뿐만 아니라 영적인 측면을 갖는 전인적인 존재로 고려하고 접근해야 할 필요가 있다.

이에 우선하여 목회자는 먼저 자신의 궁극적인 존재를 향한 갈망과 욕구를 인식하고 존재의 근원이신 하나님의 임재와 내재성을 경험할 필요가 있다. 종교적, 영적 경험은 영성지도와 매우 밀접한 관련이 있다. 영성지도는 하나님에 대한 인간의 경험에 관심을 두고 지도자가 관상적인 알아차림의 태도를 가진다. 심리학적 접근으로서는 철저하게 내담자 중심으로 진행하나 그 중심에는 하나님의 임재와 내재성이 있다(Barry, 2001, Evans, 2015, 김경은, 2015). 최근의 영성지도에 관한 연구들에서 영성지도는 자신의 영적인 성장, 즉 하나님과의 친밀한 관계 맺음을 경험함으로써 깊은 성찰을 통한 자기 자각과 공감 능력을 더욱 향상하게 하고(황지연, 2015), 자신의 삶에 대한 재해석을 성숙하게 도와 일상 속에서 하나님과 분리되었다는 느낌이 아니라 하나님과 연결되어 있다는 의식 속에서 자신뿐 아니라 다른 사람과의 관계에서도 보다 의미 있는 가치 선택을 하도록 돕는다(김경은, 2015, Evans, 2015)고 밝힌다. 그러나 목회적 돌봄과 영성의 통합을 향한 움직임은 있으나 목회자의 입장에서 과연 영성지도가 목회자에게 어떠한 변화와 성장을 경험하게 하며 이러한 목회자의 경험이 목회와 상담 현장에서 성도들과의 만남에 어떻게 영향을 미치는가에 대한 연결성을 갖는 연구들은 찾아보기 힘든 실정이다. 특히 종교와 영성에 관한 관심이 증가하고 있고 기독교 상담자들도 증가하는 추세에서 상담 현장 속에서 하나님의 임재 의식을 갖는 목회 상담자의 영향력에 대해서도 구체적으로 살펴볼 의미와 필요가 있다고 본다.

따라서 목회자가 영성지도를 통해 개인의 심리적, 영적 영역에 어떠한 변화를 경험하는지, 그 안에는 구체적으로 어떤 요소들이 있는지를 살펴보고 무엇보다 영성지도를 경험한 목회자가 목회 및 상담 현장에서 성도들과의 관계에서 어떠한 변화들을 예측할 수 있는지에 관해 문헌 연구를 통해 고찰하고자 한다. 이를 통해 목회자가 보다 통전적이고 전인적인 관점에서 문제 해결을 넘어 하나님과의 관계와 영적인 성장의 여정을 돕는 자리에까지 나아갈 수 있지 않을까에 대한 기대를 해 보고자 한다.

Ⅱ. 영성지도와 상담

1. 영성지도의 정의와 주요 요소들

영성지도는 피지도자가 하나님 경험에 대한 자신의 이야기를 할 수 있도록 장을 열어 주는 자리이며 하나님과의 관계에서 성장할 수 있도록 돕는다(Evans, 2015). 즉 영성지도는 하나님과 개인적인 관계가 발전하도록 돕는 일이며 하나님과 만남의 태도는 관계적이고 신앙적이며 체험이 뒤따른다(유해룡, 2007). 이처럼 하나님과의 관계 맺기와 그 안에서의 성장은 영성지도를 설명하는 중요한 핵심이 된다. 김경은(2015) 역시 영성지도의 중요한 목적은 피지도자가 기도와 매일의 삶에서 하나님과의 소통과 교제를 격려함으로써 한 개인에게 하나님과의 관계를 성장시키는 것에 있다고 밝힌다.

특히 영성지도는 언어가 중요한 도구가 된다는 것에도 주목할 필요가 있다. 여기서 언어는 단순히 개념적인 언어가 아닌 경험적인 언어로서 Evans(2015)는, 경험은 삶 그 자체로서 인간의 하나님 경험은 영성지도의 내용을 구성하며 영성연구와 영성지도의 실제에 중요한 참조 틀이 된다고 강조한다. 유해룡(2007)은 이를 개념 언어와 체험 언어로 구분하면서 보다 구체적으로 설명한다. 즉 하나님과의 관계가 발전할수록 하나님 경험에 관한 언어는, 하나님은 세상을 창조한 분이시며 우리를 구원해 주신 분과 같은 보편적이고 비인격적인 개념 언어에서 하나님은 우리를 사랑하시고 용서하시고 치유하시는 분과 같이 생생하게 살아 움직이는 체험 언어로 이동한다. 이처럼 개념 언어를 체험 언어로 바꾸어 주는 것이 영성지도의 중요한 역할이다. 주관적인 경험을 근거로 하여 개념 언어를 체험 언어로 바꾸어 주는 것은 단순히 언어의 변화뿐 아니라 삶에 대한 자세와 관점의 변화로도 생각해 볼 수 있다.

체험 언어로의 이동을 살펴보면 이는 영성지도가 갖고 있는 이야기 치료적인 요소와 그 맥락을 같이 한다. 영성지도 안에서 피지도자가 지도자와 함께 자신의 경험과 삶을 전혀 다른 시각에서 조망하게 하고 삶을 새롭게 바라보도록 하여 이전의 빈약했던 삶의 이야기를 보다 의미 있고 가치 있는 풍성한 삶으로 진술이 바뀌는 과정은 이야기 치료적인 특성을 잘 나타내 준다. 영성지도 안에서 다루어지는 중요한 대화의 소재는 바로 피지도자의 라이프 스토리이기 때문이다. 이강학(2014)은 영성지도는 하나의 이야기를 사용하는 활동이며 해석학적 과정임을 강조하면서 우리가 대화를 나누는 상대방에 따라 자신의 이야기를 각기 다르게 말하는 경향이 있고 삶의 어떤 발달 단계의 시점에서 우리는 자신에 대해 다르게 이야기하기 시작하는데 이러한 사실은 영성지도의 이야기적 특징을 시사한다고 밝힌다. 적절한 영성지도자의 질문에 대해 피지도자가 답을 찾아가면서 자신의 삶을 재조명하게 되고 무엇보다 하나님의 임재 의식과 경험 안에서 새롭게 자신의 삶을 바라보면서 그것의 체험을 진술해 나가는 과정은 피지도자에게 삶에 대한 새로운 해석학적 관점과 깨달음을 얻게 해 준다. 그리고 이전에 빈약했던 자신의 삶의 이야기가 점차 풍성해지고 의미 가득한 삶으로 해석되고 새로운 관점으로 바뀌게 된다. 이것이 바로 이야기 치료의 힘이다. 이야기 치료에서 치료자와 내담자 간의 대화는 매우 중요하다. 치료자가 내담자로 하여금 자기 경험을 이야기의 중심에 두도록 하고 다양한 질문으로 내담자가 마음의 지평을 확장시키고 상상력을 발휘하여 그동안 간과했던 삶의 이야기의 중심을 찾아가면서 더욱 풍부한 이야기로 발전한다(White, 2010).

이러한 변화는 영성지도 현장에서 잘 드러난다. 하나님의 임재하심 속에서 진행되는 영적인 여정 가운데 피지도자는 자신의 삶을 새로운 시각에서 반추하고 들여다보면서 과거에 미처 알지 못했던 은총의 흔적을 발견하게 되고 현재의 삶에 충만하게 되면서 보다 더 명확하게 삶의 방향을 파악해 나간다. 따라서 영성지도자가 피지도자의 삶을 소재로 하는 대화에 담긴 이야기적 특징과 이야기 치료의 과정을 잘 아는 것은, 피지도자의 삶의 경험이 지닌 특징을 이해하는 데 도움이 되고 피지도자가 하나님과 더욱 풍성한 관계를 개발하도록 안내하는 데 도움이 된다(이강학, 2014).

2. 목회 상담자가 경험하는 영성지도

목회 상담과 영성지도는 그 목적과 방법에 있어서 구별되는 차이점이 있다. 목회 상담은 상담자가 특정 상황에서 성도 및 내담자의 삶의 위기를 가져오는 특정 문제에 대한 도움이

요구되는 상황에서 그 문제를 효과적이고 건강하게 해결할 수 있도록 도와 그가 원만하고 적응적인 삶을 살면서 순기능을 하도록 하는 것에 그 목적이 있다. 그러나 영성지도는 삶의 어느 부분에 국한하지 않고 궁극적으로 인간이라는 본질적 존재로서 하나님, 즉 우리의 존재의 근원을 발견하고 그에 민감하게 반응하도록 하여 하나님과 온전한 일치를 위해 끊임없이 성장하고 자라가도록 함께 그 여정을 동반하는 데에 있다. 무엇보다 영성지도는 지도자가 그 일을 하도록 하나님이 부르셨으며 하나님의 은혜로운 현존 안에 위치한다(이강학, 2014). 이와 같은 차이점에서 상담자가 영성지도를 경험하는 것은 다양한 의미를 갖는다.

1) 영성지도와 기도

기도는 살아계신 하나님과의 관계의 시작이요 만남이다. 많은 경우에 하나님에 대한 우리의 마음과 인식은 자주 왜곡되어 있고 여러 가지의 상처로 인해 닫혀 있지만 반복적인 기도를 통해 하나님을 향하여 우리의 마음을 개방하면 비로소 성령의 역사를 감지하고 왜곡된 마음이 수정되며 비로소 하나님과 자유로운 교제가 가능해진다(유해룡, 2007). 보다 분명하게 표현하면, 그리스도인에게 있어서 기도는 자신의 뜻과 욕구를 하나님께 관철시키고 청원하는 것이 아닌 하나님의 뜻과 부르심에 나를 움직이고 그에 반응해나가도록 하는 데에 그 목적과 방향이 있다. 다시 말해서, 나 자신의 욕구와 갈망을 들어 달라고 하는 것에서 하나님을 향한 관점과 시선으로 바꾸어 하나님의 마음을 알고 발견하면서 깊은 사귐의 관계로 나아가는 것이 진정한 기도이다.

정신분석학적인 접근으로 기도에 대한 이해를 살펴보면, 대상관계 입장에서 기도란 개인적 경험의 중간 영역에서 자기 표상과 중간 대상으로서의 하나님 표상과의 관계가 직접적으로 일어나는 종교적 경험으로 중간 영역으로 들어가는 경험들 속에서 자기만의 독특하고 깊은 사적 영역을 표현하는 통로가 기도이다(황지연, 2015). 따라서 하나님의 표상이 나의 삶에 직접 이루어지고 하나님과의 독특한 사귐과 만남의 경험들을 쌓아 가는 기도 시간은 영성지도에 무엇보다 중요한 요소가 된다.

2) 공감: 성육신이 되신 하나님

목회 상담자에게 있어서 공감은 상담 현장에서 가장 기본이 되는 자세이며 상담의 치료적인 기능 및 역할에 매우 중요한 측면이 된다. 공감은 심각한 불안 상태에 있는 사람에게 자신에게 주어진 문제를 새로운 시각에서 해석하도록 돕고 자신도 문제를 해결할 수 있다는 자신감을 갖게 하는 데에 치료적인 힘이 있다(최형진 외, 2015). 또한 내담자가 상담자의 공감을 지각할수록 보다 순조롭고 깊이 있는 상담이 나타난다(문현미, 1989). 따라서 목회 상담자가 내담자의 아픔을 깊이 공감한다는 것은 함께 느껴 주는 존재로 인한 위로와 돌봄을 받는 경험과 동시에 자기 몰입된 감정과 사고에서 조금 다른 관점에서 자신의 문제를 들여다볼 수 있도록 도와 문제 해결의 여지와 가능성을 갖게 한다. 이러한 공감의 능력과 기술은 다년간의 훈련과 지식으로 함양할 수 있으나 전적인 공감의 차원은 하나님과의 관계 경험을 통해 얻게 되는 하나의 선물이요, 은총이다.

하나님께서 친히 사람이 되신 성육신 사건은 공감의 관점에서 볼 때, 하나님께서 인간의 몸을 입고 우리의 세계로 들어오셨다는 것은 육체만 입은 것이 아니라 인간이 겪는 고통과 아픔, 삶의 희노애락에 이미 함께 느끼고 경험한 사건이요, 인간의 삶과 존재에 공감의 핵심으로 작용한다. 상담자가 영성지도를 통해 하나님의 움직임을 알고 그에 반응을 할 뿐만 아니라 자신의 존재를 깊이 이해하고 수용해 주시는 하나님을 느끼고 경험하는 것은 인간이 할 수 있는 공감의 차원과 측면을 뛰어넘는 순간이 되면서 진정한 소통과 만남의 순간으로 들어간다. 존재와 존재의 만남 그 안에는 공감이 핵심적인 역할을 하며 치료적인 기능을 발휘한다. 때로 목회 상담 현장에서 공감은 이미 그 자체가 치료제가 된다. 영성지도 안에서 나의 감정과 상황에 성육신적으로 공감하시는 하나님을 경험하고 만날 수 있다는 것은 하나님을 느끼는 동시에 나의 존재를 그대로 비춰 보고 받아들일 수 있는 가능성을 열어준다. 즉 존재의 본질인 내 안에 거하시는 하나님을 만나는 순간이 되며 진정한 나를 찾는 길이 된다. 그 관계는 감성적인 소통이며 공감적인 소통이 된다. 이처럼 내주하셔서 공감해 주시는 하나님을 느끼고 경험할 수 있다면 목회자는 상담과 영성지도의 현장에서 내담자를 있는 그대로 볼 수 있도록 도와 그의 호소에 대한 섣부른 진단과 평가보다는 그의 감정과 느낌에 같은 울림을 주고, 있는 그대로 자신을 들여다보도록 안내할 수 있다. 더 나아가 하나님과의 관계를 향한 물음이 있는 내담자에게 목회 상담자는 하나님을 잘 비춰 줄 수 있는 역할이 가능해진다. 심리학 관점에서 목회 상담을 들여다보면, 목회자와 내담자의 관계 속에 내주하시는 하나님은 목회자와 마찬가지로 내담자의 자기 대상으로 기능하는데, 내담자가 이상화하는 대상, 자신을 비춰 보는 대상으로서 이때 목회자는 자기 대상 전이의 매개체, 즉 중간 대상으로 기능한다(이재현, 2017). 따라서 이를 위해 목회자는 공감해 주시는 하나님을 깊이 경험하면서 존재의 본질로서의 만남과 사귐을 통해 자신뿐 아니라 다른 사람을 비춰 주시는 하나님을 경험하고 확장해 나갈 필요가 있다.

3) 자기 성찰

영성지도의 또 하나의 중요한 기능은 자신에 대한 깊이 있는 성찰에의 경험이다. 자기 성찰은 자신에 대한 반성적인 사고와 내면에 대한 깊이 있는 이해와 수용으로 변화와 내면의 성숙성을 갖추도록 돕는다. 자기 성찰은 특히 목회 상담자에게 전문적인 자질과 함께 인간적인 자질을 키우는 데에 영향을 미친다. 또한 목회 상담자의 자기 성찰은 상담자 전문성 발달적인 측면에서 핵심적인 기제로 작용한다(손은정, 유성경, 심혜원, 2003). 이와 같이 목회 상담자에게 전문적인 자질과 특성이 중요한 이유는 상담자가 어떠한 인간적인 자질과 태도, 역량을 갖추고 있느냐에 따라 똑같은 상담자 이론이나 기법이라고 해도 내담자에게 전혀 다르게 작용할 수 있기 때문이다(이한녕, 2005). 심리학 관점에서 자기 성찰은 자신에게 혹은 자기 자신의 경험으로 되돌아오는 것으로서 이 개념에는 자신과 관련된 주제에 초점을 두고 다시 그러한 주제들이 내담자를 지각하고 상호작용하는 데에 영향을 미친다(손은정 외, 2003). 그 안에는 목회 상담자의 드러나는 행동과 언어, 그리고 사람들과 상호작용하는 패턴이 모두 포함된다. 외부를 향해 자신이 하는 패턴과 자신의 내부를 향한 패턴 모두를 알아차리는 것, 그것이 자기 성찰이다. 따라서 상담자의 자기 성찰과 그에 따른 실천은 무엇보다 자신의 진정한 성숙과 변화를 위해, 그리고 내담자의 안녕과 복지를 위해 중요하다.

이러한 관점에서 영성지도는 하나님과의 친밀한 관계 맺음이 자기 성찰과 공감의 능력을 향상시키고 보다 더 하나님께 집중하도록 안내한다. 황지연(2015)은 심리학과 영성의 통합을 위해 상담자들을 훈련시키는 과정에서 가지는 말씀 묵상 훈련을 통해 목회 상담자들이 말씀 속에 계시는 하나님과의 관계가 친밀해지고 더욱 구체적으로 되면서 자기의 상태를 빨리 알아차리게 되고 하나님 안에서 자신을 자각하는 자기 자각 능력이 상승됨을 강조하고 있다. 즉 하나님을 경험하고 그분과의 친밀한 교제 안에서 자신을 대하는 하나님의 사랑의 시선을 알고 더 나아가 그 시선이 머물러 있는 자신을 새롭게 배우고 들여다봄으로써 자기 인식과 성찰을 꾀하게 된다. 그처럼 친밀하고 안전한 하나님과의 관계 맺음 안에서 자신을 이해하고 돌이켜 봄으로서 자신이 하는 생각과 행동과 언어, 그리고 타인과의 상호 작용의 패턴 안에 있는 이유와 동기를 알아차리고 자기 인식과 이해가 증가된다면 이는 내부 및 외부의 전적인 수용과 변화, 그리고 성숙으로 이끌게 된다. 더 나아가 상담자로서 위치하게 되었을 때 내담자를 공감하며 보다 더 깊은 차원에서 내담자가 자신을 잘 들여다볼 수 있도록 이끌어 주는 촉매제요, 건강한 촉진제 역할을 할 수 있다. 그러기에 영성지도 안에서 일어나는 자기 자각과 자기 성찰은 목회 상담자의 성장과 변화에 상당히 중요한 부분을 차지한다.

Ⅲ. 결론

영성지도는 친밀한 하나님과의 관계 맺음을 통해 성숙과 성장을 경험해 가는 장이다. 하나님과의 은총의 자리에서 자신의 삶을 반추하고 현재의 삶에 충만하게 되면서 나아가야 할 방향성을 찾는 동시에 자신의 존재의 본질로 돌아가 깊이 들여다봄으로써 자기 인식과 성찰을 돕는다. 이와 같은 영성지도는 특히 목회 상담자에게 여러 유익들을 경험하게 한다. 목회 상담자는 영성지도의 핵심인 기도 훈련과 경험을 통해 자신을 비추시는 하나님의 임재의식과 내재성을 경험한다. 그러한 자신에게 깊은 차원의 공감과 이미 성육신 되신 하나님과의 관계 맺음을 통해 진실한 소통을 느끼게 하는 공감이 무엇인지 체험해 나간다. 하나님을 경험하고 임재하심 속에서 진행되는 영적인 여정을 통해 나의 선택과 반응을 민감하게 알아차리면서 깊은 자기 인식 및 성찰을 통해 자기 이해 및 수용을 확장해 나간다.

목회 상담자가 영성지도를 통해 하나님 안에서 경험하는, 참되고 바르며 진실된 관계 맺음과 그 안에서 일어나는 변화와 성장은 목회 상담자의 정체성에도 영향을 미친다. 즉 성도 혹은 내담자와의 관계 속에서 특히 하나님을 향한 물음이 있는 그에게 보다 깊이 하나님을 잘 비추어 줄 수 있는 안내자요, 촉진자의 역할이 가능해진다. 또한 그가 현재 이 자리에서 경험하는 그의 감정과 느낌에 '함께 머물러 있음'의 의미가 무엇인지 알고 이를 실천할 수 있다. 목회 상담자의 실천과 지도에 내담자는 비로소 자신의 삶을 재해석하고 보다 충만하게 오늘을 살며 내일을 소망할 수 있도록 점차 변화해 나간다. 따라서 문제에 함몰되어 자신에게 주어진 은총을 깨닫지 못한 채 현재를 고통스러워하는 그에게 영성지도를 경험했고 경험해 나가는 목회 상담자는 하나님의 빛을 그의 삶에 온전히 비추도록 돕고 '지금-여기'에 일어나는 일들을 온전히 재경험하게 하여 자신을 새롭게 발견하게 하고 보다 의미 있고 가치 있는 선택으로 삶의 전환과 변화를 돕게 한다. 나아가 보다 통전적이고 전인적인 관점에서 문제 해결을 넘어서서 그 안에서 말씀하시는 하나님과의 온전한 관계 맺음의 자리로 나아가도록 이끌어 준다. 이에 영성지도는 상담자로서 목회자에게 전인적인 성장과 변화를 가져오는 매우 중요한 역할을 한다.

목하 이동 중

정여임 (아가페드림교회)

I. 더 깊은 곳으로

세상에서 혼자라는 경험은 내게는 비교적 이른 나이에 찾아왔다. 그것은 아버지의 부재로 다니던 학교를 휴학하면서 갑작스럽게 찾아왔다. 1960년대 초 한국의 소농가에서 가장인 아버지는 절대적 존재였다. 그런 아버지가 억울한 정치범으로 얼마간 영어의 몸이 되었던 터였다. 나는 동네 또래의 아이들과 사뭇 달랐다. 그런 황망한 느낌을 20대 초반에 한 번 더 경험했다. 그때는 결핵 진단을 받고 또다시 학교를 휴학하고 집을 떠나 숲으로 가야 했다. 서울에 집을 두고서도 북한산 밑 가오리라는 곳에 전셋집을 구해 독립했다. 이때 나의 아버지는 혈육의 아버지가 아니라 내게 세례를 주시고 성경을 주신 하늘 아버지였다. 그 아버지의 존재는 너무 분명한데 언제나 내 곁에는 없는 아버지였다. 가오리 근처 영락기도원을 내 집처럼 드나들며 목청껏 불렀던 아버지는 언제나 쏜살같이 숲으로, 때로는 하늘로 서둘러 사라져 버리셨다.

신학교를 들어가고 사역자가 되면서도 아버지의 부재는 때때로 나를 괴롭혔다. 생활을 더 윤택하게 해 주고 불편한 내 생활을 수정·보완해주기는 했으나 아버지는 언제나 멀리 계셨다. 20년 정도쯤은 더는 아버지를 목말라 하지도 않고 적당한 거리를 유지하는 것에 익숙해진 것 같았다. 그러는 동안 부인하지도 않고 의존하지도 않으면서 믿음 좋은 사람으로 자기를 포장하는 기술만 늘어 갔다. 그러던 어느 날 마음 한 구석 저 밑바닥에서 깊이 묻어 두었던 아버지의 부재가 나의 부재로 느닷없이 부딪혀 왔다. 견딜 수 없는 아픔과 고통이었다. 나는 사랑받는 자녀가 아니라 그저 열심인 일꾼에 지나지 않았다.

2001년 여름 휴가 때 홀로 자동차 여행을 나섰다가 소록도 중앙교회 게스트룸에 들렀다. 그때 마치 하나님께서 폭풍우 속으로 나를 내몰아낸 것 같은 느낌이 들었고 그날 밤 나는 중앙교회 본당 너른 마룻바닥을 홀로 뒹굴어야 했다. 태어나서 처음으로 그렇게 오래 울었으니 내 남은 생애의 울음까지 모두 다 울어 버린 것 같았다. 나는 아버지를 찾아야 했다. 아니, 더 정확히 말하면 아버지가 나를 먼저 찾고 있었다는 것을 그때야 알았다. 그맘때 아버지를 만나야 하는 그 절박함을 풀어줄 도반을 만난 것은 내게 행운이었다. 한 선교사님이 침묵기도 현장으로 나를 이끌었다. 그것이 계기가 되어 아버지를 찾아가는 기도의 여정을 침묵 안에서 시작하게 되었다. 또 지난날에 대해서도 하나도 버릴 것 없이 이미 아버지 사랑의 추적이 있었다는 것을 알게 되었다.

내가 이해하는 한 영성이란 이렇게 결단코 멈추지 않으시는 하나님 사랑의 추적을 깨닫고 믿는 것이다. 가던 길을 멈추고 하던 일을 쉬면서 하나님의 시선 안에 자기를 세우고 그분의 따뜻함에 자기의 언 가슴과 언 손을 녹이는 것이 영성이 아닐까 한다. 돌아보니 내 반백년 역사에 늘 무엇인가가 멈추었을 때 나는 그분의 부재를 느끼고 또 반대로 그분의 임재도 경험했다. 하지만 이런 영성의 사유를 홀로 할 수는 없었다. 선각자와 선생, 그리고 도반의 도움은 필수였다. 나는 그것을 모두 호신대에서 해결할 수 있었다. 우선 영성지도자 훈련 과정과 영성학 석사 과정 동안 지도해 주셨던 주임 교수님을 빼고는 이 이야기를 이어 갈 수 없다.

교수님은 나의 영성 형성 여정 동안 흔쾌히 안내자와 동반자가 되어 주셨다. 나 자신에 대해 어느 정도 폭력적이었다는 걸 스스로 깨닫게 해 주셨고 내 안의 나와 정직하게 마주하고 거래나 타협이 아닌 진솔한 이야기를 나눌 수 있도록 도움을 주셨다. 특히 '일상의 영성'과 '몸의 영성' 등의 가르침은 알 수 없는 상황에서 누적된 갈등과 분노와 서운함과 편하게 이별할 수 있도록 해 주었다. 하나님의 음성을 내 일상이 아닌 곳에서 들으려 했던 무모함을 버리게 되었고 하나님의 임재를 보다 구체적으로 경험하는 진짜 신비가 열렸다. 아름답고 깊은 영혼의 언어들이 내 의식 안에서 톡톡 터지는 기쁨을 수도원 응접실 같은 교수님의 강의실에서 느꼈다. 함께했던 이들까지도 더 고맙고 사랑스러웠던 기억이 지금도 새롭다.

서울에서 광주까지 직선거리는 263km, 터미널 기준으로는 291km, 집에서부터는 대략 300km를 기차 혹은 자동차로 내달렸다. 4년간 합하면 대략 1만 2천km, 결코 짧은 거리가 아니다. 그러나 그 거리보다 더 길었던 내 영적 여정은 머리에서 가슴(배)까지 가는 길이 아닐까 한다. 중간에 발목 부상으로 몇 번인가는 휠체어를 타고 다닐 때도 있었다. 그러나 그 멀고 험한 길은 좋으신 하나님을 이성의 터가 아닌 영성의 터에서 만날 수 있었던 복된 길이었다. 흔히 서울에서 지방으로 갈 때는 내려간다는 표현을 많이 쓰는데 광주로 내려가는 그 여정은 실로 내 안의 깊은 곳으로 내려가는 여행길이었다. 그 길에서 함께 듣고 보고 때로는 같이 달려 주셨던 모든 도반께 이 지면을 들어서 감사를 전하고 싶다.

II. 더 넓은 곳으로

나를 둘러싼 두꺼운 벽의 벽돌을 한 장씩 **빼**내며 틈새가 생겼고 밖이 내다보이는 그 틈새로 들어오는 시원한 바람은 내 잠자던 영적 감수성을 만지기 시작했다. 청량감 높은 깊은 샘물을 길어 주신 교수님의 영적지도를 받으며 2013년 6월 서울 대학로 한 모퉁이에서 아가페드림교회(이하 본교회)를 개척하여 섬기게 되었다. 나는 곧바로 영성지도와 영성훈련을 시작하려고 준비했고 이듬해부터 구체적인 영성사역을 할 수 있었다. 많이 어색했고 부족했으나 오히려 성령님은 나의 어색함 속에서 역사해 주셨다.

다음은 본교회에서 실행한 영성사역 중 일부를 공개하고자 한다. 처음 시작은 내가 영성지도를 받은 대로 나누는 것에 집중했다. 원하시는 분이 생기면 먼저 영성지도를 안내하고 영성지도가 무엇인지 용어와 개념을 충분히 인지하게 한

다음에 천천히 시작했다. 교회 한 공간을 조명과 장식 등으로 환대 분위기로 연출하고 영성지도를 받는 분이 최대한 불편해하지 않도록, 또 부담을 느끼지 않도록 세심한 주의를 기울이며 시작했다. 다음은 영적지도를 위한 안내문이다.

〈참고〉 영성지도 안내

1. 영성지도란 무엇인가?

기독교 영성지도는 한 기독교인이 다른 기독교인에게 주는 도움으로 받는 이의 영적 삶을 보다 성숙하도록 돕는 것이다. 이 도움은 하나님의 개인적인 의사소통에 주의를 집중하게 하고 하나님과의 친밀한 관계 안에서 더 성장하고 합당한 삶을 살아갈 수 있게 하는 것이다. 그러므로 영성지도는 하나님과 피지도자의 관계에 초점이 맞춰진다. 영성지도의 목적은 하나님의 임재가 개인의 삶 속에서 어떻게 발견되고 또 개인은 하나님의 임재하심에 어떻게 반응하는지를 성찰하는 것이다. 더불어 하나님의 뜻을 식별하는 것이기도 하다.

2. 영성지도가 아닌 것은?

영성지도는 일반적인 정보 제공이나 가르침이 아니다. 영성지도는 심리치료가 아니다. 영성지도는 상담이 아니다. 영성지도는 사회복지의 도움이 아니다. 영성지도는 어떤 더 나은 영적 체험을 제공하는 것이 아니다. 영성지도는 문제와 고통을 해결하는 것이 아니다.

3. 영성지도자의 역할은?

영성지도자는 피지도자의 기도와 삶의 행동 사이의 연결고리를 발견해 주는 공동 식별자요(1차 식별자는 피지도자 자신), 피지도자의 하나님에 대한 신앙 체험을 바르게 이해하고 어떻게 응답하는지를 돕는 해석자요 진단자다. 따라서 지도자는 기도하는 경청자이며 피지도자의 신앙 여정을 후원하고 격려하는 믿음의 동반자이며 영혼의 친구다. 또 영성지도자는 피지도자와 함께 하나님께 초대받은 사람일 뿐이며 유일하고 참된 영성지도자는 오직 성령 하나님이시다.

4. 피지도자의 역할은?

피지도자의 말은 하나님 말씀의 창문이므로 그것으로부터 영성지도의 대화를 시작한다. 피지도자는 기도 후의 느낌이나 일상의 다양한 경험을 재료로 이야기를 시작하며 만남의 회를 거듭할 때는 지난 만남 이후 하나님과의 관계가 어떠했는지를 이야기한다. 이때 피지도자의 재미있는 딜레마는 자신이 흥미를 느끼는 것과 성령께서 생각나게 하시는 것 사이에서 어떤 것을 논의의 주제로 선택하느냐는 것이다. 우리가 흥미롭게 느끼는 주제일지라도 그날의 대화 주제로 적합하지 않을 수도 있기 때문이다. 중요한 것은 피지도자가 자발적으로 하나님의 음성을 경청하고 나머지는 모두 하나님께 맡겨야 한다.

5. 영적지도의 흐름

⇨ 기도로 시작한다(침묵기도, 조용한 음성기도, 성경 읽기 - 피지도자의 요청에 따라서).

⇨ 피지도자가 먼저 자신의 이야기를 한다.

⇨ 지도자는 피지도자의 이야기가 끝난 후 잠시 침묵한 후에 반응한다.

⇨ 피지도자가 불안, 혼란, 막힘 등을 겪을 때는 잠시 대화를 멈추고 기도 시간을 갖는 것이 좋다(피지도자가 충분히 이야기하도록 대화를 끊지 않는다. 피지도자가 길게 종합적으로 이야기하면 지도자가 너무 많은 정보로 혼란을 겪을 수 있다. 짧게 정리하도록 도움을 준다).

⇨ 중요하다고 생각하는 주제라도 하나님께서 보실 때 적

합지 않을 수 있다.
⇨ 어떤 대화든 자발적인 것이 하나님의 임재와 기쁨을 수용하는 것이다.
⇨ 진실하고 솔직한 대화는 서로의 마음을 열어 주며 성령의 음성을 들을 가능성이 크다.
⇨ 대화 중 상대에게 집중하지 못했을 때는 솔직히 시인하고 다시 대화에 몰입할 수 있는 은총을 구한다.
⇨ 영성지도의 대화는 처음부터 끝까지 하나님의 사랑과 참된 길을 보여 주시려는 하나님의 열망이다.
⇨ 성령께서 참된 지도자이심을 고백하며 기도로 마무리한다.

6. 효과적인 영성지도를 위한 약속

영성지도의 회수와 시간은 월 1-2회로 전체 10회이며 1회당 소요시간은 1시간을 기준으로 한다. 신학적이거나 정치적인 논제는 다루지 않는다. 하나님과 피지도자의 관계, 피지도자와 지도자의 관계 이외의 제3자 얘기를 주제로 선택하지 않는다. 영성지도 중에 말이나 문서로 제기된 모든 내용은 비밀을 유지한다. 매 3회가 지났을 때마다 영성지도를 돌아보며 평가하는 시간을 갖는다. 진행되는 영성지도와 지도자와 피지도자 간 서로를 위해 기도한다.

위와 같은 영성지도 안내를 충분히 나누고 천천히 시작한 영성지도를 지금도 간헐적으로 주고받고 있다. 한번 시작하면 적어도 10회는 만나야 하는데 처음에는 지속하기가 어려웠으나 이제는 경험하신 분의 추천을 받고 오시는 분이 대부분이어서 서로 흡족하며 감사하고 있다. 가장 최근에 영성지도를 받으신 분은 세상의 편견 앞에 어려움을 겪는 상황이었다. 사별하신 분으로 자녀가 넷인데 재혼하고 싶은 귀한 분을 만났으나 누구의 응원도 받지 못하고 있었다. 안타깝게도 유년 시절 겪었던 부친의 영향으로 하나님의 이미지도 많이 왜곡되어 있었다. 그분에게 하나님은 언제나 자기편이 아니었다. 하나님 앞에 울부짖었던 기억들을 허탈해했다. 나는 그분의 문제에 접근하지 않으려 애썼다. 그분이 하나님과 마주 볼 수 있도록 함께해 주려 했다. 우리는 함께 아파하며 하나님 앞에 다시 서기로 했다. 성령님의 도움에 의지하며 만남은 10회를 넘겼고 그분이 구한 것은 사랑보다 더 깊은 하나님의 자비였다는 걸 스스로 알아차리셨다.

나는 그 외에 영성훈련으로 침묵기도 모임을 운영하고 있다. 이 침묵기도회는 다수가 참여하여 진행한다. 이 기도회를 위해 함께 공유할 수 있는 적절한 안내서가 필요하여 미완의 자료집이나마 제본하여 사용해 오고 있다. 자료집은 침묵기도를 처음 접하는 그리스도인들을 위한 안내서 형식으로 편집되었다. 자료는 물론 영성지도자 과정과 석사 과정에서 내가 도움을 받았던 것들이다. 또 수도원에서 경험한 영신수련 20번에 의한 영신수련과 피정의 도움도 받았다. 그 외 여러 번의 단기 피정에서 경험했던 내용과 렉시오디비나 강의 등이 도움이 되었다. 이 자료집과 『우리의 하나님 이미지 치료하기』, 『렉시오디비나를 통한 영성훈련』, 『말씀에서 샘솟는 기도』, 『관상기도를 통해 하나님께 나아가는 길』, 『사랑으로의 초대』, 『마음을 열고 가슴을 열고』, 『마음의 기도』 등의 영성과 침묵기도 관련 도서들도 함께 읽었다. 특히 기도에 도움이 되도록 바이블 스터디도 병행했다. 다음은 자료집의 목차이다.

〈참고〉 아가페드림묵상자료집

거룩한 독서 렉시오디비나의 현대적 적용   3
복음말씀기도(관상기도)   16
향심기도   22
토마스 키팅의 존재의 고리-의식의 발달단계   24
예수기도   25

이냐시오의 영신수련 26

영신수련 흐름과 구조 표 30

침묵기도 비교 표 42

묵상훈련의 예 43

성찰 노트 44

21주간 묵상 본문 표 45

21주제 설명 46

아빌라의 테레사의 기도여정 67

7 궁방 표 72

성 베네딕도 규칙서 78

한국적 영성 이세종 이현필 84

영성지도 안내 89

성찬예식 순서 90

참고 도서 91

바이블 스터디 교재는 20여 년간 스터디를 진행하며 필요에 따라 마련했던 강의안이 교재가 되었다. 스터디 대상이 평신도보다는 교역자들이 더 많았기에 차별화된 교재가 필요했고 시중의 교재가 다루지 않은 교회사나 영성사도 포함해야 했기에 교재를 따로 만들 수밖에 없었다. 지금은 그동안의 자료들이 쌓여서 170페이지 분량의 교재가 되었다.

    전체 기도 일정은 로욜라 이냐시오의 영신수련의 구조와 틀에 의존했다. 예수의 생애를 따르면서도 해당 주간에 분명한 주제를 가지고 기도하는 것이 인도하기가 훨씬 수월했기 때문이다. 물론 정식 영신수련을 진행하지는 않는다. 이건 어디까지나 개인 피정지도가 아니라 공동 침묵기도의 묵상 본문을 이 구조를 따라 실천하고 있다는 뜻이다. 침묵기도회를 인도하면서 항상 느끼는 것은 우리 개신교 안에 침묵기도를 위한 안내 자료 혹은 도서들이 너무 빈약하다는 것이다. 영성학, 성서학, 실천신학 등의 전문가분께서 전문 연구와 수고를 통해 우리 목회 현장을 섬기는 이들을 도와주셨으면 하는 소망이다.

    다음은 이냐시오 영성훈련의 구조와 본교회가 적용한 것(영성훈련의 구조와 침묵기도)을 비교한 표다. 반드시 이를 적용하기보다 침묵기도와 영성이라는 조금은 모호한 개념을 이해하도록 돕는 도구라 할 수 있겠다.

⟨참고⟩ 영성훈련의 흐름과 구조

흐름	구조	지도자의 과제	피지도자의 과제
시작	원리와 기초	영성훈련의 목적 하나님의 창조 목적과 영광을 위하여 그리스도인다운 안목과 덕목의 고양	하나님에 대한 믿음의 관점에서 모든 것을 바라봄 (불편심과 magis의 원리)
1주간	그리스도인의 정체성 '생명의 하나님'	죄의 신비와 역사 하나님의 자비와 용서 양심과 마음의 정화	영적 가난을 발견하고 그리스도 안에서 희망을 찾음 (특별 성찰과 의식 성찰)
2주간	그리스도인의 선택 '내주하시는 하나님' 그리스도인의 선택	**1. 그리스도의 왕국 묵상** 그리스도와 나의 사명 나의 관대한 응답	그리스도의 나라와 사단의 나라에 대한 묵상
		2. 그리스도의 신비적 삶 관상 강생-그리스도의 공생애 전까지	예수님을 더 알고자 염원함 숨겨진 삶을 묵상함
		3. 이냐시오의 고유한 묵상들 1) 두 개의 깃발 2) 세 부류의 사람들 3) 겸손의 세 단계	개방되고 관대한 마음으로 선택할 바를 식별함 (영들의 식별 규칙 적용)
		4. 그리스도의 공생활 묵상 세례에서부터 예루살렘 입성까지 복음의 선포와 성령의 현존	그리스도의 생애를 관상하며 선포되는 말씀과 성령의 이끄심에 나의 선택과 응답을 봉헌함
		5. 선택의 세 양식 1) 하나님의 직접 부르심 2) 내면의 움직임의 출처 찾기 3) 지성적 방법으로 장단점 구별	(영적 위안의 식별, 영적 위안과 영적 황량의 진원지를 찾아 하나님의 뜻을 식별하여 자기의 성소를 확인)

흐름	구조	지도자의 과제	피지도자의 과제
3주간	그리스도인의 삶, 선택의 확신 '일 하시는 하나님'	예루살렘 입성 –겟세마네까지	그리스도의 수난과 죽음에 깊이 동참하기 위해 선택한 바를 더 확고히 함 '사도적 영성의 확인'
4주간	그리스도인의 영성 '연인으로서의 하나님'	파스카의 신비: 세족식 / 성만찬 / 심문 받으심 / 사형언도 받으심 / 장례	고통의 처참함보다 주님의 길에 집중함 (왜 오셨는지, 왜 수난을 받으시는지) 그리스도의 고통을 나의 고통으로 느끼고 함께 아파함 '이 모든 것을 주를 위하여'
		그리스도의 조용한 부활 관상 그리스도의 구원이 우주적 차원으로	파스카의 신비를 통해 부활의 기쁨과 영광을 함께 누림
마침	사랑을 얻기 위한 관상	영성훈련과 일상과의 다리 구간 '모든 것 안에서 하나님 발견하기	영성훈련의 열매가 현실의 삶에 나타나도록 사랑의 진보를 위해

〈참고〉 침묵기도 비교표

기도	순서와 내용
렉시오디비나	범위: 구약, 신약 성경 전체 읽기 – 본문을 정독, 3번 이상 천천히 읽고 듣는다. 　　　맥락과 구조, 때와 장소를 파악, 등장인물의 말, 행동, 감정 등을 표현하는 방법과 내용 숙지가 중요 묵상 – 허리를 곧게 세워 자세를 바르게, 움직이지 않는다. 　　　말씀과 인격적 관계 맺기 　　　정서를 건드리는 '한 말씀' 요점에 주목 　　　되새김 – 성령님이 은혜를 주실 것을 믿고 인내하며 되새김한다(그 말씀이 본문에서 무슨 의미를 갖는지, 나와는 무슨 상관이 있는지를 주의 깊게 살핀다). 　　　미드라쉬 – 그 말씀의 의미와 일치하거나 그 말씀으로 인하여 연상되는 다른 성서 본문으로 성령님이 데리고 가시는 데까지 따라가서 들려 주시는 것과 보여 주시는 것을 보기 기도 – 본문을 통해 그 어떤 것을 보여 주시고 알게 하시며 말씀하신 그 상태를 서둘러 정리하지 말고 하나님께 영혼의 갈망과 마음의 소원을 솔직히 시인한다. 자신의 일상의 필요를 위한 청원이나 중보기도가 아니며 나에게 다가온 하나님의 말씀을 기도를 통해 다시 하나님께로 되돌리는 것이다. 관상 – 말씀의 방문을 받으면 반드시 솟구치는 내적 기쁨이 있다. 그 기쁨에 머무른다. 성서에서 여러 문자로 겉을 싸고 있던 말씀이 살아계신 주님으로 다가오실 때 바로 그 순간 앞에 계신 하나님께 자기를 드린다. 이와 같은 읽기와 묵상과 기도와 관상이 반드시 순서를 따르거나 확실히 단계적으로 진행되지 않는다.

기도	순서와 내용
관상기도	**범위: 사복음서** **준비기도** 길잡이 1 – 전체 문맥 안에서 본문의 위치, 내용의 재구성(줄거리 요약) 길잡이 2 – 성서 안에서 때와 장소의 재구성(등장인물들의 말과 행동을 주의 깊게 관찰) 길잡이 3 – 예수님을 더 많이 알고, 더 깊이 사랑하기 원하며, 더 가까이서 따르게 되기를 구함. 요점 선택–나의 정서를 건드리거나 나를 방문한 말씀 또는 내용 ※ 여기까지는 나의 노력, 이후는 하나님의 영역이다. **본기도** 1) 허리를 곧게 펴고 바른 자세를 취하고 최대한 움직이지 않는다. 2) 하나님께 마음의 경배를 드리며 자신의 육체와 정신을 봉헌한다. 3) 길잡이 1과 2를 떠올리며 본문의 사건 혹은 상황이 전개되는 장소를 구체적으로 상상의 눈을 통해 본다. 시각, 청각, 후각, 미각, 촉각을 사용하여 현장 속의 요점에 머문다. 4) 담화: 삼위 하나님과… 5) 마침기도: 주기도 **기도 반추** 내 기도가 어디까지 갔는가? 내 생각에 머물렀는가? 성경이 말하지 않는 것에 너무 주목했는가? 성경 본문과 상관없는 환상이나 영상에 빠지지는 않았는지, 정말 예수님을 만났는가를 식별한다.

기도	순서와 내용
향심기도	**1. 거룩한 단어 선택** 한 번 정한 거룩한 단어는 그 기도 중에는 바꾸지 않는다. (예: 하나님 아버지, 주님, 예수님, 평화, 사랑, 자비, 생명, 마라나타, 압바 등의 한두 음절의 단어) **2. 편안한 자세** 편안히 앉아 허리를 펴고 눈을 감고, 하나님의 현존하심과 활동하심에 동의하는 지향의 상징인 거룩한 단어를 의식 속에 불러들인다. 편안하게 앉는다는 것은 기도 시간 동안 잠이 오지 않게 할 정도의 상대적 편안함을 말한다. 만일 잠들었다면, 깨는 대로 바로 기도를 계속한다. 한번 정한 자세를 그 기도 중에는 바꾸지 않는다. **3. 분심의 처리** 내가 무슨 생각을 하고 있는지 알아차리면 아주 부드럽게 거룩한 단어로 돌아간다. 생각이란 신체적 감각, 느낌, 영상, 기억, 상상, 계획, 성찰, 개념, 비평 등 영적 체험을 포함한 모든 지각을 일컫는 포괄적인 용어이다. **4. 기도의 과정** 기도는 20-30분 정도가 가장 바람직하며 기도가 끝날 때 여전히 침묵 속에 머물러 반추한다(2~3분). 이 추가 시간은 우리로 하여금 침묵의 분위기를 일상생활의 활동 속으로 부드럽게 가져갈 수 있게 한다. 이 기도는 하루에 두 번 정도 하는 것이 좋다. 중요한 것은 반복이다. 팔 근육을 만들기 위해 팔운동을 시작해도 처음 얼마 동안은 아무런 변화가 일어나지 않으나 꾸준히 6개월을 지속하면 근육이 생기는 것을 볼 수 있다. 기도도 이와 같다. **5. 주님의 기도로 마친다.** ※이 기도를 먼저 30분 하고 이어서 관상기도를 하는 것이 좋다.

기도 일정을 전체 21주로 정한 것은 30주는 너무 길고 10주는 너무 짧다는 단순한 생각에서였다. 기도하는 사람에게 어떤 일정의 기한이 제공되는 건 처음 침묵기도에 참여하는 이들을 초대하기에는 참 적절했다. 왜냐면 침묵기도에 적응하기가 어려운 분들이 있었는데 몇 구간을 인내하면 끝까지 가 볼 수 있다는 것 때문에 중도 포기를 하지 않았다가 오히려 후반부에 하나님의 임재하심을 경험하고 계속 침묵에 머무는 분들이 계셨기 때문이다. 기도는 일주일에 한 번 함께 모여 하고 매일 각자의 처소에서 형편껏 할 수 있도록 했다. 그러나 3회 이상 가능한 시간과 장소를 지정하도록 했다. 말하자면 축약된 19번에 의한 영신수련 정도라고 볼 수 있다. 미리 주어진 본문으로 묵상하고 기도하게 하고 또 성찰 일지를 만들어 주고 사용하도록 했다. 성찰일지 양식은 아래와 같다.

〈참고〉 성찰 노트

제21주간 사랑을 위하여

일	요일	묵상본문	특별성찰 (하루 3번 특정한 자기의 부정적 이슈를 추적)	의식성찰 (하루 동안 말 행동 생각을 돌아봄)
과제				
♥ 하트: ♥ 꿀밤:				

침묵기도회 참여자들은 이 기도 안내를 잘 따랐고 나눔 시간에 서로 영성지도를 주고받게 되었으며 하나님의 임재 혹은 침묵을 함께 공유하며 점점 자신의 세계에서 나오기도 하고 자기만의 벽을 허물기도 했다. 우리는 기도하는 21주 동안 여러 개의 마음과 여러 개의 생각을 수용할 줄 알았고 자기와 다른 그 무엇에 불편하지 않았고 묵상 안에서 노닐고 즐기는 어떤 존재가 되어 갔다. 누군가 울먹일 때 함께 목이 아프고 누군가 행복할 때 덩달아 행복해 했다. 서로 간에 벽이 허물어지니 우리가 있는 작은 30평의 공간이 더없이 넓은 마당이었고 세계였다. 그렇게 21주씩 7회 정도를 거듭 진행하는 내내 함께하신 분도 있고 이제 새롭게 시작하는 분도 있었으나 우리는 큰 차이를 느끼지 못했다. 그만큼 우리는 어느새 조금 넓은 곳으로 이동하고 있었던 것 같다. 이 글을 쓰는 현재는 열 명이 이 기도회에 참여하고 있다.

Ⅲ. 더 높은 곳으로

수줍고 어색하게 시작했던 목회는 어느새 26년째, 담임으로는 11년째다. 평생을 목회하신 분에 비해서는 짧은 횟수지만 은퇴를 앞두고 보니 그렇게 짧지만도 않은 것 같다. 이제는 영성이란 단어가 팔딱팔딱 뛰어오르는 생선 같은 느낌으로 다가오지는 않는다. 그러나 굳이 내 사역과 삶에서 이것은 영성 분야라고 따로 떼어 놓지도 않는다. 다만 살고 아끼고 들어주고 받아 주는 모든 것에 내 영성이 아니라 주님의 영성이 스며있기를 바랄 뿐이다. 바라기는 지금 있는 일과 지금 있는 사람들과 주님이 허락하시는 날까지 이보다 더 낫게 살 수 없을 정도로만 살려고 한다. 더 이루어야 할 일이 기다리는 것도 아니고 누군가 날 만나려 하는 이도 없을 테지만 그래도 괜찮다. 내가 가야 할 곳이 아직 남아 있으니까. 그곳은 내 마음이 지향하는 곳이며 내 생각이 닿는 곳이며 땅에서는 산 사람은 갈 수 없는 높은 곳이다.

그 높은 곳을 온 마음으로 지향하며 주님이 그동안 적립해 준 영적 자산을 가지고 함께 더 높은 곳을 지향하는 이들을 섬기려 한다. 특히 지난해 튀르키예 성지 순례를 다녀온 기도회 참여자 중 누군가는 장례 지도사 자격증에 도전하고 또 누군가는 수의를 지어 덜 가진 분들과 나누려고 준비하고 있다. 각자 주신 재능에 따라 하나님 품으로 가야 하지만 이 땅에서 보내 드릴 분이 없는 분들을 위해 준비하고 있다. 아빌라의 테레사가 7궁방을 지나서도 행동하는 신앙인으로 살았고, 갑바도기아의 수도사들이 '바실리스 사회복지' 시설을 설립하여 더 높은 곳에 계시는 분의 마음을 가장 낮은 곳에서 심었듯이 우리도 심을 수 있는 높음을 이 땅에 심으려 한다. 갑바도기아의 야외 박물관 괴레뫼에서 수 세기 동안의 수도사들의 행적을 더듬었던 감동은 우리 삶의 지향점을 이 땅의 흙을 떠나 더 높은 곳으로 이동하게 했다. 그러나 아직 떠나지 않은 몸이니 이 땅에서 주님의 필요한 흙이 되고 바람이 되고 물이 되고자 한다.

한 백 년쯤 후에 있을 바람으로 물로 흙으로 사는 미래의 나를 현재로 소환하여 산다면 뭐 그리 아쉽고 섭섭하고 분노할 게 있을까 싶다. 많이 바라지 말고 체온은 0.5도만 높이고 마음은 몇 센티미터만 더 넓혀도 좋을 것이다. 다른 이들이 눈치채지 못해도 좋고 또 그럴 필요도 없을 테지만 그렇게만 된다면 우선 나에게 좋은 것이다. 평생 살아온 주변부의 삶도 나름 변명이 있고 서사가 있다. 넘지 못할 산과 막힌 돌이 없었던 건 아니다. 그러나 넘지 못하면 옆으로 돌아가고 밑으로 흐르면 되었다. 그래서 물이 좋고 바람이 좋고 먼지가 좋은 것이다. 사람들은 함께 살던 것도 기억 못 할 테지만 하나님께는 바람이 지나간 자리도 기억되는 이 놀라운 비밀이 나는 좋다. 당신을 부인하고 배반하고 등을 보이던 이들을 불러

따뜻한 식탁과 모닥불을 준비하시고 다시 시작하자던 주님의 다독거림이 나에게는 최종 에너지다. 주님의 마지막처럼 밥을 많이 지어서 나누고 싶다. 함께한 이들이 내 영성은 따뜻한 밥에서 나온다는 말을 들을 수 있도록 말이다.

최근 개인 소장품과 그동안 작성한 파일 중 쓸만한 것을 원하는 이들에게 나누기 시작했다. 하나님 안에서 부끄럽기 짝이 없으나 아직 남은 길을 함께 걷는 이들에게 한두 번이라도 쓰고 버릴 지팡이처럼 정말 답답할 때 희미하게라도 보이는 이정표같이 쓰인다면 이보다 더 큰 은혜는 없으리라. 평소에 존경하는 최승기 교수님의 은퇴 기념 에세이집 출판을 위한 원고 청탁을 받고 얼마간 망설였으나 언제나 큰 산처럼, 때로는 강물처럼 계셔 주시기에 감사를 담아 이 졸고를 작성하였다. 최승기 교수님과 동시대를 살았고 그분의 영적지도와 가르침을 받을 수 있었던 것을 깊이 감사하고 행복해하며 이 글을 마치고자 한다.

부록

최승기 교수 이력 이야기

호남신학대학교에서 2005년부터 19년 반 동안 교수로 재직하며 영성학을 가르쳐 온 최승기 교수는 이제 2024년 8월 정년퇴직을 코앞에 두고 있다. 그는 1959년 식량이 풍족한 나주평야에서 3남의 막내로 태어난다. 초등학교 2학년 진급을 앞두고 빛고을 광주로 이주하여 1978년 고등학교를 졸업할 때까지 거주한다. 광주는 그의 마음의 고향이다. 고등학교를 졸업한 후 대학 진학에 따라 서울로 옮겨온다. 이 시기의 대학 생활은 전공분야 공부보다는 민주화 운동을 위한 유무형의 활동들이 대부분을 차지한다. 그의 민주화 운동 참여는 기독인이란 정체성을 중심으로 삼아 시대의 요청에 응답하길 원하는 기독 학생들이 만든 학내 동아리인 기독학생회를 통해 주로 이루어진다. 그는 1983년 수학교육을 전공으로, 교육학을 부전공으로 한 서울대학교 학사학위를 취득한다.

그는 1987년 장로회신학대학원에 입학하여 성직자의 길을 걷기 시작한다. 1990년 신대원을 졸업한 후 5년 동안 가난한 사람들과의 연대를 추구하는 목회와 선교를 서울의 공단지역에서 한다. 그는 이러한 현장 경험을 성찰하고, 자신의 부족한 부분을 채우기 위해 유학의 길을 떠난다. 그는 1995년 프린스턴 신학대학원 선교학 Th. M. 과정에 입학하여 이듬해 학위를 취득한다. 그리고 시카고 트리니티 복음주의 신학대학원의 선교학 박사과정에 입학하여 1년 반 정도 수학한다. 그즈음에 그의 학문적 여정과 삶을 바꾸어 놓을 순간이 찾아온다. 학점 교류가 가능한 인근 학교에서 영성지도 과목을 수강하며, 그 과목에서 자신의 목회과정에서 늘 미진했던 부분에 대한 해결책을 얻게 된다. 그는 개인의 고유함을 존중하며 영적 성장을 돕는 영성지도에 매료되어 고민에 빠진다. '선교학 박사과정 1년 반의 세월을 포기하고 전공을 영성학으로 바꿀 것인가? 아니면 새로운 갈망을 묻어둘 것인가?' 그에게 이것은 앞으로의 소명을 결정하는 주요한 선택이 된다.

그는 커져가는 갈망 안에 있는 하나님의 부르심을 따라 전공을 영성학으로 변경하기로 하고 캐나다 토론토대학교 낙스 신학대학원으로 옮겨간다. 2004년 영성학 박사학위를 취득하고 그 과정에서 실천적 훈련과 경험을 쌓기 위하여 2003년 리지스 신학대학원에서 2년 과정의 영성지도 디플로마(Dip. in the Art of Spiritual Direction)를 획득한다. 그리고 토론토 인근

귤프(Guelph)에 있는 로욜라 하우스(Loyola House) 영성센터에서 영성훈련 지도자(Retreat director) 양성 프로그램에 참여하고 이냐시오 영신수련을 19번과 20번에 따라 수행한다. 또한 그 후 샌프란시스코 머시 센터(Mercy Center)에서 두 주 간의 영성지도 수퍼바이저를 위한 프로그램에 참여한다. 누구보다도 그의 영성지도 사역에 큰 영향을 준 사람은 그의 영성지도자인 존 벨트리(John Veltri)이다. 깊은 영적 통찰과 따뜻한 마음, 그리고 실천적 유연함을 고루 갖춘 벨트리의 영성지도는 그의 중요한 모델이다. 이처럼 그는 영성학의 이론과 실천 특별히 영성지도와 영성훈련을 실제로 담당할 수 있는 준비를 한다.

귀국 후 2005년 호남신학대학교에서 영성학을 가르치면서 신대원 학생들을 위한 2박 3일 영성훈련 프로그램을 신설하여 학생들의 영적 성숙을 도모한다. 그의 강의들은 영성학에 대한 이론적 연구들과 영성지도를 감당할 지도자 양성에 초점을 두고 진행된다. 학생들뿐 아니라 목회자와 평신도 리더들을 위해 컴패션 영성연구소를 꾸려 영성지도자 양성을 수년간 담당한다. 이를 통해 적지 않은 영성지도자들과 영성목회를 지향하는 목회자들이 배출된다. 이러한 과정들이 쌓여 하나의 결실을 낳는다. 이는 바로 호남신학대학교 안에 개신교 최초로 영성지도 전공의 석사 학위 프로그램을 제공하는 영성지도 대학원의 탄생이다. 2022년 가을학기에 문을 연 영성지도 대학원은 2024년 봄 학기 10여 명의 영성지도 전공의 졸업생 배출을 눈앞에 두고 있다. 그는 영성지도(Spiritual Direction)와 영성수련(Spiritual Exercises) 사역을 한국교회에 천착시키고자 학교 영역에만 머무르지 않고 교회와 기독교 기관들에서도 활발한 활동을 펼친다.

그는 그리스도를 믿는다는 것은 자신의 삶을 온전히 투여하여 그리스도와 함께 영적 여정을 걷는 순례의 삶을 살아가는 것이라고 여긴다. 이러한 사역에 헌신하는 영성지도자들은 하나님만이 참 영성지도자임을 인정한다. 그들은 동반자가 되어 순례자들이 그리스도와 함께 걷는 영적 여정을 완주하도록, 그리하여 하나님과의 사랑의 연합에 이르도록 돕는다.

그의 신학박사 학위 논문 제목은 "Ignatius of Loyola's Concept of the Glory of God and It's Pastoral Implications for the Korean Protestant Church: Toward a Mystical-Prophetic Pastoral Paradigm"이다. 이 논문은 이냐시오 로욜라의 하나님의 영광 이해는 신비적이면서 동시에 예언자적인 목회 패러다임을 위한 하나의 원천이 될 수 있음을 주장한다. 그는 "순교 영성의 현대적 의미", "평화의 영성을 향하여", "목회자의 자기 영성 관리", "겸손의 사회 변혁적 측면", "부와 가난과 영성",

"The Immorality of soul", 『안토니우스의 생애』에 나타난 안토니우스의 영들의 분별", "프란치스코 드 살의 영적 분별", "이냐시오 로욜라의 영적 식별과 테레사 아빌라의 영적 식별에 대한 비교 연구", "영들 분별함의 전통", "영성지도의 전통과 유형들", "영성학 방법론 탐구", "기독교 영성학의 위상", "몸을 존중하는 영성" 등의 주제들을 다룬 소논문들을 발표한다. 그의 공저로는 『영성목회』, 『몸살이 영성으로의 초대』, 『하나님을 향한 영혼의 여정』, 『하나님 나라와 평화』, 『포이메네스 영성수련』, 『생명목회』, 『한국교회 올바른 영성 확립과 해석학』 등이 있다. 또한 그의 번역서로는 『영성지도: 거룩한 초대』, 『하나님 이미지 치유하기』, 『영성과 목회』가 있다.

그는 정년퇴직 후 예수 그리스도와의 보다 더 친밀한 친교로 자신의 영혼을 돌보는 것과 영성지도와 영성수련을 통해 주님 안에서 벗 된 다른 순례자들의 영혼을 돕는 것 사이에 건강한 균형을 유지하며 자신의 소명에 헌신하고자 한다.

참고 문헌

나의 영적 여정: 영성센터와 영성지도를 두 발로 삼아
최승기(호남신학대학교 영성학 교수)

- Barry, William and William J. Connolly. *The Practice of Spiritual Direction*. New York: HarperSanFrancisco.
- Birmingham, Madeline and William J. Connolly. *Witnessing to the Fire*. Kansas City: Sheed & Ward. 1994.
- Conn, Joann Wolski. *Spirituality and Personal Maturity*. Mahwah: Paulist. 1989.
- Conn, Joann Wolski. "Review of *The Evolving Self*" by Robert Kegan. In *Horizon* 10 (1983): 390-391.
- Evennet. H. Outram. *The Spirit of the Counter-Reformation*. Cambridge: Cambridge University Press. 1968.
- Ignatius of Loyola. *The Spiritual Exercises*. Translated by Louis J. Puhl. Chicago: Loyola University Press. 1951.

- Kegan, Robert. *The Evolving Self*. Cambridge: Harvard University Press. 1996.
- Laplace, Jean. *Preparing for Spiritual Direction*. Translated by John Guinness. Chicago: Franciscan Herald. 1988.
- May, Gerald G. *Care of Mind Care of Spirit*. New York: HarperCollins. 1992.
- Rahner, Karl. *The Dynamic Element in the Church*. Translated by W. J. O'Gara. New York: Herder and Herder. 1964.
- Rahner, Karl. "The Ignatian Mysticism of Joy in the World." In *Theological Investigations Vol. III*. Translated by Karl-H & Boniface Kruger. Baltimore: Helicon. 1967.
- Guenther, Margaret. *Holy Listening: The Art of Spiritual Direction*. Cambridge: Cowley Publications. 1992.

하나님의 꿈, 나의 꿈: 영성지도자 과정 설립과 영성훈련

박신향 (호남신학대학교, 영성·상담센터 에이레네)

- 머조리 톰슨, 고진옥 역. 영성훈련의 이론과 실천: 기독교 영성생활을 위한 초대. 은성출판사. 1996.

- 제네트 A. 바크, 최승기 역. 거룩한 초대. 은성출판사. 2007.
- Underhill, Evelyn. *Mysticism*. Digireads.com Publishing. 2020.

영성지도와 상담을 통한 목회자의 성장 및 변화에 관한 연구
김원필 (울산삼산교회)

- 김경은. 일상과 영성의 통합의 관점에서 본 영성지도. 신학과 실천 44. 2015. 279-301.
- 김용태. 기독교 상담의 통합에 관한 모델과 영역에 관한 개요. 한국기독교상담학회지 16. 2008. 13-42.
- 손은정, 유성경, 심혜원. 상담자의 자기 성찰과 전문성 발달. 상담학 연구 4(3). 2003. 367-380.
- 이강학. 영성지도의 현대적 이슈들. 장신논단 46(4). 2014. 197-223.
- 이한녕. 상담자의 성숙도 검사 개발 및 타당화 연구. 카톨릭 대학교 석사학위논문. 2005.
- 유해룡. 기도 체험과 영적지도. 서울: 장로회신학대학교

출판부. 2007.
- 황지연. 심리학과 영성의 통합을 위한 상담자 교육과정에 대한 연구. 한국기독교상담학회지 25(2). 2015. 189-229.
- Barry, K. Beyond counseling: Spiritual direction. *Journal of Pastoral Counseling* 36. 2001. 35-45.
- Evans, J. Experience and Convergence in Spiritual Direction. *Journal of religion and health* 54(1). 2015. 264-278.
- White, M. 이야기치료의 지도(Maps of Narrative Practice). 이선혜 외 역. 학지사. 2010.